JN383241

오롯이 혼자, 를 위한 여행서
〈혼자 밥 먹기〉 시리즈

진정한 여행은 혼자 떠나는 여행이 아닐까요? 누구나 한 번쯤 꿈꿨을 인생 여행, 〈혼자 밥 먹기〉 시리즈는 혼자만의 시간을 꿈꾸는 여행자와 함께합니다.

나,

―――――――――

나를 위한 여행을 떠나다.

Travel and eat alone ★ Travel and eat alone ★

오사카 에서

Travel and eat alone in Osaka

혼자 밥 먹기

오사카 에서

Travel and eat alone in Osaka

혼자 밥 먹기

강문규

리얼북스

Prologue

수없이 많은 여행을 해왔지만, 나에게 어색한 여행의 테마가 있다. 바로 '미식 여행'이다. 여행에서 마주할 여러 가지 가치 중 우선순위를 정한다면 '마시는 것'과 '먹는 것'은 항상 후순위로 밀렸었다. 20대 초반 배낭여행 시절부터 다져온 여행의 습관 때문인지 손에 쥐어진 예산 안에서 여행을 꾸리다 보니 항상 먹고 마시는 것은 '뒷전'이었다.

여행의 세계관을 넓혀준 몇 가지 계기가 있었다. 첫 번째는 스물일곱 살 세계 일주 중 걸어서 올라야 했던 킬리만자로산 등반이다. 자발적 선택으로 오르게 된 산이었지만 이제까지 겪었던 일 중에서 최고로 힘든 경험을 하며 여행의 중요한 터닝 포인트가 되었다. 그 뒤로 걷는 여행자가 되었고, 걷기를 좋아하는 사람이 되었고, 지금도 어딘가를 여행하든지 꼭 산을 찾는다.

그 이후로도 여행의 세계관을 넓혀준 포인트가 있었는데, 최근의 일이 바로 오사카에서 살며 겪은 일이다.

오사카(大阪市)는 우에마치 대지와 요도가와(요도강)의 삼각주로 이루어진 지역이다. 약 270만 명의 인구가 사는 일본 제2의 도시이자 관서 지방 대도시 중 하나다. 바다 위 20m 고도의 평지로 이뤄진 도시는 겨울에도 0도 이하로 떨어지지 않아 연중 영상의 기온을 유지한다.

오사카는 '천하의 부엌'이라는 별칭으로 유명하다. 도요토미 히데요시가 오사카성을 구축한 이래 오사카의 발전이 이뤄졌고, 교통 등의 발전으로 물자 교역의 상업 도시가 되었다. 그 때문에 일본 섬 전국의 '특산물'이 모여들기 시작하면서 별칭에 걸맞은 음식 문화가 발달하게 되었다. 예로부터 교토인들은 의복과 치장을 중시했지만, 오사카 사람들은 음식의 맛과 질을 중시했다는 얘기가 있다. 그만큼 음식에 대해 까다로웠던 오사카인들이다. 현재는 우리에게도 잘 알려져 있다시피 세계적인 관광도시로서 일본 현지 음식뿐만 아니라 전 세계 요리를 맛볼 수 있는 도시이기도 하다.

오사카에서 지낸 대부분의 시간에는 오로지 '먹는 것'에 집

중했다. 여행 중에 항상 다른 것에 밀려 '대충' 끼니를 때우던 것과 달리, 좋은 분위기와 맛있는 음식이 있는 그럴듯한 한 끼를 찾아다닌 것이다. 오사카에 여행은 그렇게 혼자 밥 먹고 생각하고 마음을 위로하는 시간이었다.

사실 오사카 여행은 길면 4박 5일, 짧게는 2박 3일 동안 가볍게 떠나는 여행지 중 하나이다. 가까이 위치한 만큼 일상에서 짬을 내어 방문하기 때문이다. 그래서인지 많은 오사카 여행 방문자 수와 비교해 대중에게 알려진 '맛집'이랄 곳은 그 분야가 넓지 않고, 정해진 메뉴와 식당도 종류가 다양하지 않았다.

이번 오사카에서 혼자 밥 먹고 마시는 시간은 국내에 알려진 식당들은 철저히 배제하였다. 현지인들에게 묻거나, 호스텔 주인 또는 바에서 만나게 된 주인 등의 입소문을 믿고 따라가 보았다. 어떤 때는 기존에 내가 하던 여행 방식에 맞춰 골목길을 탐험하다가 발길이 닿는 곳에서 고민하여 선택하기도 하였다. 메뉴의 설명이 친절하지 않은 식당이라던가, 인테리어나 서빙 등 겉치레가 유별나지 않고 음식에 자부심이 있는 의외의 맛집을 찾게 되는 여행이었다. 이전에 걸어서 여행하며 새롭고 낯선 곳을 탐험하던 여행만큼이나 나에게 특별하고 흥미를 유발하게 하는 시간이었다.

이 책을 통해 오사카 여행을 하는 동안 '한국인만 줄 서는 맛집'이라 불리는 식당에서 벗어나 보자. 지극히 주관적이지만 여행의 경험과 시간이 만들어낸 '미식과 감성 여행'의 발자취를 따라 다양한 음식과 정취를 즐길 수 있기를 바란다.

여행 생활자
강문규

Contents

Prologue   06

Chapter 01 미나미 오사카 01
三豊麵 샴포멘 제면소 센니치마에점   16
Craft Burger 크래프트 버거.Co   20
そば専科 植田塾 / 소바전과 우에다 학원   24
Enjoy Cafe 인조이 카페   28
Simba Curry 심바 커리   34
Umiya Cafe 우미야 카페 웨스트포인트   38
KONOMU 코노무   42
Colombo 콜롬보   46
江洲あぶらや 코쇼아부라야   52
미나토 더 바   56
러그 타임 오사카   60
파블로 커피   64
Article #1. 오사카 여행지   68

Chapter 02 미나미 오사카 02
中華蕎麦 葛 추카소바 카즈라   72
四ツ橋カフェ 요쓰바시 카페   76

스탠다드 북스토어 신사이바시	80
마운트 MOUNT	86
Bar Freedom 바 프리덤	90
히모노 야로	94
기요틴	98
Sakaba Itch 사카바 이치	102
やすべえ 道頓堀店 야스베 도톤보리 점	106
재즈바 탑 랭크	110
Article #2. 라멘, 일본식 중화요리	114

Chapter 03 기타 오사카, 오사카성, 텐노지 01

Taiyo No Tou 타이요 노 토우	118
쿠시카츠 샤조우	122
토쿠마사	126
Calo Bookshop&Cafe 깔로 북샵&카페	130
카페 츠텐카쿠	134
토링턴 티 룸	140
스테이크 램프	146

모에요 멘스케	150
로쿠 스시	154
카페 미모사	158
Article #3 오사카 코나몬(코나모노)	162

Chapter 04 기타 오사카, 오사카성, 텐노지 02

부라리 정	166
히루도라 혼텐	170
Ek Chuah 에크추아	174
다이토라 야키니쿠	178
살롱 데 아만토 카페	182
아만토 카페&바 슈카	186
타카무라 와인&커피 로스터스	190
나리타야	196
그릴 본	200
Article #4 가깝지만 먼 나라 '일본'	204

Chapter 05 교토

하루 86	208
인디펜던트 카페	212
라멘 뽀빠이	216
쿠라가리마사	220
쿄 카페 차차	224
아잔타	228
시키노 이지 오쿠무라	232
카페 비블리오틱 헬로	236
Article #5. 더는 신세계가 아닌 '신세카이 新世界'	242

Chapter 01

미나미 오사카 01

오사카를 여행하는 사람이 이곳을 들리지 않고 여행할 수 있을까? 도톤보리를 중심으로 신사이바시, 혼마치, 난바를 아우르는 미나미 오사카는 우리가 상상하는 모든 오사카 자체다. 오사카의 상징으로 격상된 글리코 상 뿐만 아니라 오사카를 가보지 않은 사람들도 상상하면서 떠올릴 만한 이미지들은 모두 이 지역에 있다. 그만큼 관광지 역할을 하기 때문에 여행자들로 항상 북적거리는 곳, 오사카의 중심이 미나미 오사카다.

QR코드 리더기로 QR코드를 스캔하면 도서에 소개된 곳의 위치 정보를 확인할 수 있습니다.

●

번잡스럽지 않은 라멘 한그릇
三豊麵 상포멘 제면소 센니치마에점

542-0074 Osaka-fu, Osaka-shi, Chuo-ku, Sennichimae 1 Chome-8-16
매일 11:00~24:00
주메뉴 : 라멘

도톤보리의 여러 음식점들 사이에 번잡하지 않은 라멘집

오사카의 관광 명소는 누가 뭐래도 도톤보리다. 많은 여행자는 글리코 상 앞에서 두 팔 벌려 사진을 찍는다. 도톤보리 거리의 수많은 인파 사이를 헤집고 다니다 보면 주위에 가득한 음식점들이 눈에 들어오기 시작한다. 오사카는 오래 끓인 돼지고기 육수에 차슈와 면을 듬뿍 넣어 먹는 '차슈 라멘'이 유명하다.

상포멘 문 앞에는 라멘 메뉴를 소개한 간판 두 개와 티켓 머신 한 대가 있는 것이 전부다. 가장 번화한 거리 중심에서 느껴지는 가게의 묵직함이 사람들의 발걸음을 이끌었다. 문 안으로는 'ㄷ'형 테이블에 몇몇 손님이 있고, 그 안으로 두세 명의 젊은 종업원이 보인다.

스페셜 차슈 라멘은 대표 메뉴다. 스페셜이지만 라멘답게 음식에 들어간 재료들이 깔끔하고 단순해 보인다. 면 위에 파, 반숙계란, 김 그리고 차슈 고명이 얹혀 있다. 몇 가지 고명만으로 먹음직스러운 시각적 풍미를 더 한다. 전체적인 맛은 첫 국물 한 모금부터 마지막 수저를 놓을 때까지 진한 육수와 면에 깊이 배어든 맛이 평정을 유지하였다. 저녁 한 끼로 하루를 정리하기에 충분했다.

번잡스럽지 않은 식사를 원한다면 상포멘 라멘 한 그릇을 누려보자. 상포멘은 '三豊麵' 말 그대로 풀이하자면 '세 가지 풍년이 있는 면'이다. 찾아본 내용에 따르면 味 맛의 풍년, 心 마음의 풍년, 休 휴식의 풍년'을 뜻한다. 식당의 추구하는 문화도 '건강한 식문화의 풍요로운 미래'를 지향한다고 하니, 의미와 해석만큼이나 맛 또한 풍요로움이 늘 가득할 것 같다.

골목을 여행하다 우연히 만난 수제 햄버거
Craft Burger 크래프트 버거.Co

550-0014 Osaka-fu, Osaka-shi, Nishi-ku, Kitahorie, 1 Chome-6-12
화요일~일요일 11:30~22:30(월요일 휴무)
주메뉴 : 수제 버거

혼자 온 여행자를 유혹하게 하기에 충분한 수제 햄버거

골목을 걷다 만난 크래프트 버거. Co는 기타 호리에 지역의 여러 골목 중 동편 요쓰바시역 근처에 있다. 기타 호리에라는 지역은 도톤보리와 같은 주요 여행지에서 멀지 않은 거리지만, 의외로 여행자들(특히 한국인 여행자들)이 많이 찾지는 않는 곳이다. 하지만, 기타 호리에 지역에 처음 발을 들이는 순간, 이곳에서부터 진짜 오사카를 찾을 수 있을 것이란 느낌이 들었다. 일반 주택가인데 조금씩 식당과 상업 지구가 늘어가는 지역이었다. 유난히도 좁은 주택가들 사이에 의외의 가게와 식당들이 있다.

겉모습에서 예상할 수 있는 좁은 공간이었고 손님이 많지는 않았다. 수제 햄버거의 가벼운 느낌을 즐기는 사람들이 종종 방문하였고, 주변 상가나 직장인들의 테이크아웃 주문이 대부분이었다. 젊은 층뿐만 아니라 트렌디한 차림의 나이 지긋한 어른들까지 야외 테라스에서 수제 햄버거를 먹는 모습을 목격할 수 있었다.

주메뉴인 Craft Burger는 맛이 일품이었다. 패스트푸드의 자극적인 소스와 맛에서 벗어난 것은 물론이고, 고기 패티 위에 올려진 양상추와 싱싱한 토마토 조각이 잘 어울려지는 햄버거였다. 특히 토마토 한 조각은 싱싱해서 육즙에 쥬시 함을 배가하였고, 특정 소스가 없음에도 색다른 감칠맛까지 만들어 내었다.

사이드 메뉴에는 어니언링뿐만 아니라, 프렌치프라이, 샐러드 등을 선택할 수 있고, 음료도 콜라 이외에 다양한 주스가 있어 취향대로 선택할 수 있다.

친절한 직원이 여럿 모여 일하는 점도 좋다. 각자의 위치에서 최선을 다해 서비스하는 태도가 느껴졌다. 주문되어 나온 햄버거는 패스트푸드의 느낌이 전혀 들지 않는 담백하고 정갈한 플레이트가 인상적이다.

햄버거라는 메뉴의 특성상 몇 가지 고민을 갖고 있었다. 첫째, 가격 대비 괜찮은 메뉴인지, 둘째, 패스트푸드 특유의 재료에 대한 의구심이다. Craft Burger. Co에서는 두 고민에 대해 큰 만족을 얻을 수 있을 것이다. 가성비가 뛰어날 뿐만 아니라, 자극적 조미료에서 벗어날 수 있다.

해 질 무렵 방문한다면, 맥주와 함께 즐기는 햄버거도 괜찮다. 혼밥 여행자가 '1천엔의 행복'을 즐길 수 있는 수제 햄버거집이다.

오직, 소바
そば専科 植田塾 / 소바전과 우에다 학원

541-0058 Osaka-fu, Osaka-shi, Chuo-ku, Minamikyuhojimachi,
3 Chome-2-1 1-2F スワン大阪第 3 ビル
월, 수, 금 11:00~12:45
주메뉴 : 메밀 소바

Simple is the Best는 이 가게를 두고 하는 말이 아닐까.

미나미 센바에서도 가장 북적이는 지역의 끝, 빌딩 2층에서 현지인들에게 물어물어 찾아간 소바 집이다. 처음에는 학원으로 함께 운영되는 곳이라 하여 그 뜻을 이해할 수 없었다. 음식점에서 학원이라니.

2층 문을 열고 들어서면 확실하게 식당의 느낌보다는 무엇인가 배우기 위한 장소라는 느낌을 받게 된다. 정오가 가까워질수록 정장 차림의 손님들이 하나, 둘씩 들어찼다. 가게 한쪽에 오픈된 주방에는 한창 음식 준비가 이어졌다. 주문과 동시에 면을 삶고 정량을 맞춰 손님들에게 나갈 준비를 하는 메밀 소바와 소바 그릇이 보이기 시작했다.

참고로 학원의 주인인 '타케시 우에다' 선생은, 전국에 수만 명의 제자를 둔 유명인이라고 한다. 나 홀로 메밀 소바가 먹고 싶다면 이곳에서 선택된 시간에만 맛볼 수 있는 메밀 소바를 꼭 맛보라 권하고 싶다.

옛 수타 방식으로 만든 면을 끓여 익힌 후 찬물에 곧바로 식히고, 적당한 양이 간소한 나무 쟁반 그릇에 담겨 나온다. 오로지 약간의 소금과 장국 맛에 의존한 깔끔한 소바였다. 끓고 식힘의 온도에 적절한 탄성을 얻은 탱글탱글한 면발은 약간의 힘을 주어야 끊어질 정도로 식감을 유지하였다. 자극적인 맛에 길든 사람이라면 전체적으로 심심한 맛일 수 있으나, 메밀면 본연의 완전한 맛과 향을 깊이 느끼기 위해서라면 최고의 음식이 아닌가 싶다.

우에다 학원의 메뉴는 '소바', 단일 메뉴다. 다른 선택 가능한 카테고리도 없고, 사이드 메뉴나 토핑도 없다. 500엔의 저렴한 소바에 200엔을 추가하면 대(大)자로 양의 선택만 가능하다.

이름도 특이한 '소바전과 우에다 학원', 본래 소바 요리 학원으로 주중 일부 시간에만 저렴한 가격으로 맛이 좋은 소바를 맛볼 수 있다. 이런 특이한 가게의 내용에 호기심이 들어 찾아간 곳이었지만, 이곳에서 맛본 소바야말로 가장 소바다운 소바였다.

평소에 음식을 즐기는 스타일이 아니다. 맵고 짠 음식에 익숙하며, 간이 덜 된 음식에는 손이 덜 가는 편이다. 하지만, 소바전과 우에다 학원의 소바를 맛본 후 진정한 음식의 맛을 이해할 수 있었다. 단순함에서 느꼈던 단내와 짭조름함, 살짝 시고 부드러운 향, 그것들을 오래오래 기억하고 싶었다.

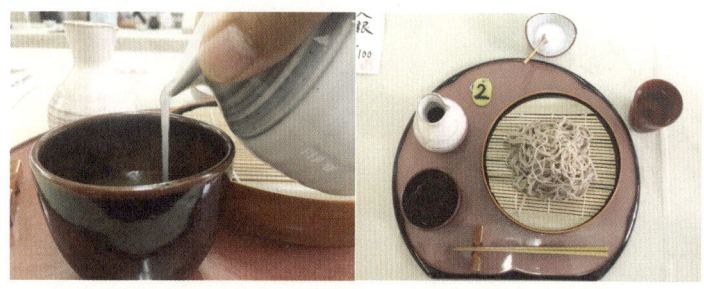

조용한 동네의 오래된 카페, Enjoy Cafe 인조이 카페

550-0015, Osaka-fu, Osaka-shi, Nishi-ku, Minamihorie 3
Chome-4-1
매일 09:00~23:00
주메뉴 : 커피 및 음료, 프렌치 토스트

Enjoy Cafe라고 쓰인 얇고 소심한 필체, 직장인들의 퇴근길을
밝혀주는 공간

직장인들의 퇴근길, 주택가 골목에 빨간 글씨의 네온사인이 불을 밝힌다. 인조이 카페는 아늑하고 조용한 동네 카페다. 멀리서 보면 희미한 외관이지만, 문을 열고 들어서면 동네 친구들이 커피 한잔하고 있을 것 같은 느낌의 장소다. 몇 차례 오사카를 방문한 사람이라면 한 번쯤 지나가 봤을지도 모르겠다.

커피뿐만 아니라 간단한 식사가 가능한 음식도 판매한다. 점심 혹은 저녁때 이곳을 방문하면 이곳 동네 사람들이 밥 먹는 풍경도 볼 수 있다. 시간과 마음이 여유로운 여행자라면 식사를 해도 좋겠다. 주방이 느린 탓에 꽤 오래 기다려야 한다.

오래된 인테리어와 곳곳에 위치한 어설픈 디자인의 소품들이 인상적이다. 꾸미다 만 방을 돌아보는 듯 약간의 불완전함이 느껴진다. 생각해보면 동네 어딘가에 불을 밝히고 있을 법한 카페다. 커피 한잔 또는 음료를 마시며 알아들을 수 없는 동네 사람들의 수다를 엿들어 보았다. 장소의 아름다움보다, 깊게 음미하고픈 진한 커피 맛보다, 상대의 말에 더 귀 기울일 수 있는 아늑함을 갖고 있다.

인조이 카페는 흡연도 가능하고 강아지를 데리고 올 수 있는 카페다. 주변 현지인들은 곧잘 강아지를 끌고 이웃들과 마실을 나온다. 퇴근 후 직장인들은 주문한 오믈렛을 기다리며 조심스레 담배 하나를 입에 물고 있기도 하다.

좌식으로 앉을 수 있는 2층도 있으나 그룹 손님이 아니면 거의 사용하지 않는다. 강아지를 좋아하지 않거나 흡연 문화가 맘에 들지 않는 여행자라면 손님이 붐비는 시간을 피해야 한다.

기타 호리에 지역을 오갈 때 카페에 들러 조용한 커피 타임을 즐긴다면 좋을 것 같다. 커피 맛은 튀지 않고 평범하지만, 특별히 멋 내지 않는 전통적인 카페의 느낌을 느낄 수 있다. 평범하지만 익숙한 듯한 카페 분위기는 여행에 있었던 일들을 나 홀로 정리하기 좋다.

●

아는 사람만 알고 찾아간다는 심바 커리
Simba Curry 심바 커리

542-0086 Osaka Prefecture, Osaka-shi, Chuo-ku,
Nishishinsaibashi, 2 Chome-12-8 佐々木ビル
수요일~일요일 12:00~21:00
주메뉴 : 인도 커리

독특한 퓨전 인도 커리를 맛볼 수 있는 마이너한 정서의 가게

1층에 작은 표지판 하나, 2층 입구에 또 하나. 작은 표지판을 통해서만 이곳이 Simba라는 것을 알 수 있다. 2~3평 남짓한 공간, 바 테이블을 따라 일렬로 의자들이 놓여있다. 조금 갑갑한 느낌이 있는 공간이지만, 예닐곱 의자 중 한자리에 앉아 커리를 맛보려면 그 정도 수고는 감수해야 한다. 이곳에 오는 사람 중에 여행자는 거의 없고 모두 혼자 와서 밥을 먹는다.

오사카 한복판에서 혼자 점심 한 끼를 먹기 위한 마음을 아는지 요리사도 휘휘 커리를 저으며 음식 대접을 준비한다.
내부의 벽과 곳곳의 선반 등에는 커리 향에 어울리는 인도풍과 제 3세계 힙합을 섞은 마이너하고 힙한 분위기가 한껏 연출되어 있다. 홀로 이곳을 운영하는 주인의 영향인 듯싶다.

기본 오리지널 커리, 토마토 치킨 커리, 스페셜 커리 세 가지 메뉴가 있으며, 매운맛은 다섯 단계로 조절이 가능하다.
메인 메뉴인 기본 오리지널 커리에 매운맛 3단계를 주문해 맛보았다. 고슬고슬 노란 고두밥에 인도식 커리 양념이 플레이트 되어 나왔다. 감자, 버섯, 시금치 등 제철 채소가 적절히 양념된 커리에 밥을 비벼 한입씩 먹어보았다. 짭조름하게 절인 양상추가 밑반찬처럼 나와 함께 곁들여 먹게 되어있다. 매운맛 3단계도 먹다 보면 이마에 땀이 송글 맺힐 정도로 맵다. 하지만, 다양한 고명을 많이 얹는 스페셜을 시킬 경우 3단계 이상의 매운맛을 먹는 것이 좋다. 한참을 씹게 되는 밥이고 양이 많다.

심바 커리 골목은 익숙한 홍대 골목의 느낌이 난다. 제 3세계 문화가 뒤섞인듯한 국적 불명의 여러 음식점이 있다. 이런 문화는 사람들의 호기심을 자극한다. 나도 호기심에 이끌려 심바 커리를 더 마음에 들어 했는지 모르겠다. 입구를 들어설 때부터 느껴진 묘한 분위기가 음식의 맛까지 안심할 수 있도록 해준다.

인도 커리를 좋아하는 사장이 직접 요리하고 운영을 하며 재료가 떨어지면 문을 닫는다. 맛뿐만 아니라 질적인 자신감도 엿볼 수 있다. 웬만한 자신감 없이는 쉽게 할 수 없는 운영방침이라 생각되고, 그래서 마음에 든다.

홈페이지 또는 블로그에 들어가 보면 주인이 자유롭게 가게를 운영하는 것을 알 수 있다. 어떤 이벤트를 진행하거나, 갑작스러운 일로 문을 닫을 때면 홈페이지에 공지하였다. 가까운 과거에는 20일씩 문을 닫고 인도로 여행을 떠난다는 공지도 있었다. 공휴일은 꼬박꼬박 쉴 테니, 혹시나 가게 된다면 홈페이지를 참고하는 것이 좋다.

낮술의 매력에 빠지고 싶은 곳
Umiya Cafe 우미야 카페 웨스트포인트

542-0086 Osaka Prefecture, Osaka-shi, Chuo-ku,
Nishishinsaibashi, 2 Chome-16-14
매일 16:00~08:00
주메뉴 : 하이볼, 생맥주

행인들의 눈길을 사로잡는 분위기, 해변의 펍에 온 듯한 느낌의
주류 카페

우미야 카페 Umiya Cafe는 행인들의 눈을 사로잡는 내부가 어둑한 도시의 분위기와 어울리는 곳이다. 아직 해가 지지 않은 이른 저녁 밖이 보이는 바에 걸터앉아 낮술의 매력에 빠지고 싶어진다.

우미야 카페 Umiya Cafe는 오사카 시내 중심을 관통하는 자동차전용도로 아래 있다. 사람의 인적이 많지 않고 위로 지나는 고가 도로 탓에 어둡지만, 카페만큼은 오키나와 해변의 펍에 온 듯한 경쾌함을 준다.

가게 이름에 카페가 들어가 있지만, 이곳은 주류를 주로 판매하는 카페다. 메인 메뉴는 다름 아닌 하이볼이다. 오후 4시, 가게 오픈과 동시에 진행하는 해피아워 시간에는 380엔이라는 저렴한 가격에 하이볼을 판매한다.

바에는 휘황찬란한 각종 주류의 술병들이 진열되어 있다. 두꺼운 메뉴판을 열어보면 간단해 보이는 280엔, 380엔, 500엔의 가벼운 타파스류의 안주부터 1,000엔이 훌쩍 넘는 먹음직스러운 스테이크까지 다양한 요리가 있다.

오후 5시쯤 또 한 명의 직원이 출근하는데 저녁 주문을 받는 즉시 작은 주방에서 요리를 시작했다. 그때부터는 술과 음식을 함께 곁들일 수 있다. 곧이어 주방에서 맛있는 요리를 하는 소리와 향이 퍼져 나왔다. 주인장 요리 솜씨가 보통이 아니다.

Happy hour, beer 450. 산토리 생맥주를 우리 돈 4천원대에 마실 수 있다는 사실 만으로도 이곳을 찾을 이유가 충분하다. 오사카는 대부분의 지역이 평지로 이뤄져, 걷다 보면 자기도 모르게 긴 거리를 걷게 되는 도시다.
숙소로 돌아가는 길, 이곳에서의 맥주 한잔은 누군가에게 happy hour가 되어줄 것이다.

오코노미야키와 다양한 로컬음식
KONOMU 코노무

550-0015 Osaka-fu, Osaka-shi, Nishi-ku, Minamihorie, 1 Chome
-18-27 四ツ橋セントラルハイツ1F南側
월~금 11:30~14:00, 17:00~24:00 | 토, 일 12:00~24:00
주메뉴 : 오코노미야끼

동네 사람만 아는 작은 로컬식당 코노무

코노무는 오사카 사람이 추천하는 곳이다. 격자형 도로들과 주택가 사이 한 빌딩 뒤에 작은 간판용 깃발이 펄럭인다. 주차장으로 사용했을 것 같은 건물 뒤편의 작은 공간은 맛있는 요리 향이 진하게 배어 나오고 있다. 코노무는 동네에 사는 사람들이 일과를 마친 후, 식사를 즐기고 나누는 오코노미야키 가게다.

아내로 보이는 여성은 입구에서 손님을 맞이하고 있었고, 메뉴판을 나눠주었다. 남편으로 보이는 남자는 주방에서 두건으로 머릴 싸맨 채 요리를 하고 있었다. 부부로 보이는 남녀가 운영하는 곳이다. 사람 없는 시간, 식당에는 동네 어른 몇 명이 이른 식사를 하고 있었고, 여행자들은 찾아볼 수 없었다. 6시가 가까워져 오자 퇴근하고 집에 돌아가는 길에 들른 동네 사람들이 들어차기 시작했다.

돼지고기 오코노미야키가 맛있다고 추천을 받아 주문해 보았다. 산토리 생맥주 한 잔도 빠질 수 없었다. 철판을 마주하는 바 형 테이블에 앉아 음식을 기다렸다. 약한 불에 익히기 시작하는 오코노미야키, 곧이어 두툼한 삼겹살 부위 돼지고기를 세줄 올려 반죽의 위를 덮었다.

철판에서 요리하는 모습을 생생하게 볼 수 있어 좋다. 손 하나 하나에 맛을 내는 듯한 요리사의 움직임에 계속해서 눈이 간다. 아주 약한 불에서 익히는지 상당한 시간이 지났음에도 여전히 반죽의 찰기가 그대로 느껴졌다. 그렇게 두어번 더 뒤집어가며 익힌다. 마지막으로 오코노미야키 소스와 마요네즈를 듬뿍 뿌리고, 가다랑어와 약간의 허브를 뿌리면 완성된다.

첫맛은 짙은 양념과 잘 익은 속이 한데 어우러져 흔히 생각하는 오코노미야키와 비슷하다. 조금 더 씹다 보면 특이하게도 생강 초절임의 맛이 느껴지는데, 생강을 싫어하는 사람도 먹을 수 있을 정도로 은근한 향이다. 자칫 느끼할 수 있는 오코노미야키 양념을 잡아준다. 오래 익혀도 타지 않고 고소하고 찰기 있는 맛을 유지하였던 이유는 아마도 밀가루 반죽의 양보다 다양한 속 재료가 골고루 들어갔기 때문인 것 같다. 양상추 등의 속 재료가 씹는 맛까지 더하였다.

그 밖에도 고기와 숙주나물을 곁들인 요리, 묵과 완두콩을 철판에 구운 요리, 상추와 토마토 등 여러 채소를 버무려 맛을 낸 샐러드 등의 음식도 있었다. 미나미 호리에 지역의 몇 안 되는 오코노미야키 집이자 그 밖에 다양한 로컬 음식을 맛볼 수 있는 식당이다.

헌책 숲들 사이로 숨겨진 커피의 취향
Colombo 콜롬보

541-0058, Osaka-fu, Osaka-shi, Chuo-ku, Minamikyuhojimachi,
4 Chome-3-9
월~화, 목~토 12:00~20:00 | 일 13:00~19:00(수요일 휴무)
주메뉴 : 아메리카노, 중고서적

카페와 헌책의 만남이 만든 카페

오사카에는 두 가지 업종 혹은 다양한 업종이 결합한 멀티샵, 편집숍들이 많다. 그중 커피, 음료 등 카페를 기반으로 하여 개인의 취향을 더한 가게가 많은데, Colombo 콜롬보는 카페와 헌책의 만남이 만든 가게다. 이리저리 진열된 헌책 숲 사이로 숨겨진 보물을 만나보자.

얼핏 보면 아무렇게나 책을 모으고, 쌓아놓은 곳처럼 느껴질지 모르겠다. 이런 길에 있을 리가 없을 거라 느껴지는 책 가게다. 코너에 위치하여 네 방향의 어느 길에서 오더라도 눈에 띄게 되어 있는데, 책을 좋아하는 사람이라면 절대 그냥 지나칠 수 없는 매력을 가진 헌책방이다.

콜롬보의 메인 테마는 사진, 디자인, 인테리어다. 친절한 사장님과는 언어가 통하지 않더라도 개인의 취향을 묻고, 추천받을 수 있다. 그래서 읽지도 못할 일본어 서적들 사이에서 눈으로 충분히 즐거울 만한 출판물을 찾아볼 수 있다.

취미나 관심이 있는 것을 찾기 쉬운 것이 잡지다. 바깥 매대에서는 잡지 이월호를 100~300엔 사이의 가격에 판매하고 있다. 그래서인지 잡지 한 권을 손에 들고 앉아 커피와 함께 볼 수 있도록 손님들을 위한 의자와 테이블 나란히 있다.

사장님은 한국어로 된 새 책도 하나 소개해주었다. 한국의 독립 출판물 '베를린 안내서'라는 책이었다. 독립 출판에 관심이 높아져서 자연스레 반가운 마음이 들었다. 그리고 발로 뛰는 독립 출판 작가들의 자기 책 사랑을 다시 한번 느꼈다. 부족한 언어 탓에 몇 마디 이야기를 이어가다 야외 철제 테이블에 자리 잡아 아이스 커피 한 잔을 마셨다.

여기저기 불규칙하게 쌓여 탑을 만들고 벽 한쪽 책장을 가득 채운 헌책이 있다. 좁은 공간에 수많은 서적의 복잡한 배치가 책 좋아하는 사람들에겐 오히려 알 수 없는 해방감을 주는 장소이다. 오래된 책들이 주는 일종의 숭고함이 계속해서 가게 안 공간을 맴돌게 한다.

반갑게 맞는 첫 인사에서 느껴지는 음식의 맛
江洲あぶらや 코쇼아부라야

542-0083 Osaka-fu, Osaka-shi, Chuo-ku, Higashishinsaibashi,
2 Chome-8-20 新日本畳屋町ビル 1F
목요일~화요일 11:30~23:00(수요일 휴무)
주메뉴 : 스테이크 카레

신사이바시 번화가에 있는 은둔의 스테이크 카레 집

평범한 상가 건물 1층 복도를 따라 간판 몇 개가 있다. 어떤 식당들이 모여있을까 싶어 복도를 걷는 내내 궁금해진다. '코쇼아부라야'의 미닫이문을 열고 들어서면 주방 안의 부부가 미소로 맞이한다. 내부엔 일본 가정집의 주방을 보는 듯하지만 오랜 시간 갈고 닦은 주방장의 요리 솜씨가 느껴지는 식당이다.

주메뉴인 소고기 또는 돼지고기 카레를 골라 주문을 하면 주문과 동시에 무심한 듯 정리된 고기를 달궈진 프라이팬에 올려놓는다. 곧이어 미리 준비한 흰 쌀밥과 카레를 접시에 담아두고, 핏기가 다 사라지지 않은 미디엄 수준의 고기를 그 위에 얹어 준다.

식사가 나오기 전에는 작은 종지에 흑임자 소스가 곁들여진 야채 샐러드와 토마토로 맛을 낸 수프를 대접받는다. 식전 메뉴는 매일 같이 바뀐다. 이것을 기대해 보는 것도 식당의 흥미로운 부분 중의 하나이다.

메인 메뉴인 스테이크 카레의 맛은 정말 일품이다. 천 엔이라는 가격이 다소 과하지 않을까 싶다가도, 신사이바시 한복판의 숨겨진 식당에서의 혼자 밥 한 끼로 충분한 만족을 주는 맛이다.

방글라데시식 카레 중 하나인 돼지고기 마살라 역시 최고의 맛이다. 이 요리는 조리 과정에서부터 남다르다. 살짝 강한 후추 향이 주방에서부터 나고 음식을 마주하기 전부터 후각을 자극한다. 첫 숟가락부터 끝까지 익숙한 듯하면서 처음 맛보는 마살라를 천천히 음미하였다.

스테이크 카레와 돼지고기 마살라 모두 잘 익은 쌀밥과 살살 비벼 한 수저 크게 입에 넣어 먹는다. 앞에선 고기와 향의 어울림을 느끼다가 사르르 녹아버리는 뒷맛을 맛보게 될 것이다. 눈으로 보기에 그다지 많은 식자재가 쓰이지 않은 것 같지만, 입으로는 다양한 맛을 이해할 수 있다.

밥을 한참 먹다가 고개를 들어보니 예전 외할머니댁에서 보았던 주방의 느낌을 고스란히 갖고 있었다. 다소 밋밋한 식기류들이 화려함을 더한 여느 식당과는 달랐다. 오사카에 머물 때마다 처음 방문한 이름 모를 가정집에서 밥을 먹는 듯했다. 언제나 식사 한 접시를 금세 비웠다.

하루를 차분히 마무리하기
미나토 더 바

556-0017 Osaka-fu, Osaka-shi, Naniwa-ku, Minatomachi 1 Chome-1-32 2F
화요일~일요일 19:00~02:00
주메뉴 : 하이볼, 일본 전통주

낯선 여행지에서 혼술을 부담 없이 즐길 수 있는 공간

빨간 간판 하나가 눈에 띄는 휑한 길거리. 그곳에 미나토 더 바로 올라가는 계단이 있다. 미나토 더 바의 특징은 자리가 많지 않다는 것이다. 많아야 두세 명 내외의 손님이 바에 있는 사장과 친구처럼 대화를 나누게 된다. 가게 주인 부부의 영어가 능숙하진 않지만, 다양한 사람들을 많이 만나고 싶다는 마인드로 친절하고 쿨하게 의사소통을 끌어낸다.

2층 창가로 도톤보리강과 적막한 오사카 시내의 일부가 내려다보인다. 그다지 높지도 않은 뷰이지만 프라이빗한 내부와 어둑한 창가의 분위기가 어우러져 술맛을 더하는 곳이다. 추천 메뉴판에 적힌 하이볼부터 위스키, 와인, 전통 청주까지… 주인장의 술 사랑과 욕심이 가득 느껴졌다.

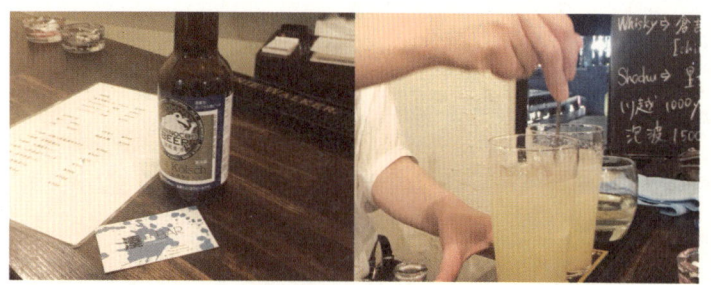

미나토 더 바는 40대 초반의 부부가 운영하는 바다. 이전에도 오사카에서 두 번의 바를 운영한 경험이 있다고 한다. 조금씩 자리를 옮기다가 2년 전부터 도톤보리강이 내려다보이는 이곳에 작은 바를 차렸다고 한다.

주인 부부가 말하기를 이 장소에 바를 만든 이유는 첫째로 여러 국적의 외국인과 여행자를 만나고 싶어서이고, 둘째는 그들에게 일본 전통술(다양한 주종이 있음)을 소개하고 싶기 때문이라고 한다. 미나토 더 바를 찾게 되면 그들이 소개하는 독특한 수제 맥주와 일본식 과일 발효주 그리고 전통 사케와 위스키 등을 가볍게 나누는 시간을 가질 수 있다.

바에서 판매하는 대부분의 술은 일본 전통 주류다. 일본 사케와 청주는 생각 이상으로 다양하고 많은 종류가 있다.
여행지에서 크고 작은 무엇을 선택하는 일은 때로 골치 아픈 일이기도 하다. 하지만 미나토 더 바에서는 일본 전통주를 복잡하지 않게 주인의 취향을 통해 선별된 술을 맛볼 수 있다. 작고 아늑한 2층 바에서 온 더 락에 가볍게 마시는 일본 청주 한 모금은 여행의 하루를 은은히 마무리하기에 완벽하다.

오아시스 같은 휴식 공간
러그 타임 오사카

542-0085 Osaka-fu, Osaka-shi, Chuo-ku, Shinsaibashisuji, 2 Chome-6, 大阪市中央区心斎橋筋2丁目6-13 アクロスビル4F
월요일~금요일 16:00~24:00 | 토요일~일요일 17:00~24:00
주메뉴 : 음악 및 주류

Rug time, 이름처럼 양탄자 위에서 음악과 함께 풍요로운 시간을 보낼수 있는 곳

도톤보리와 만나는 대로인 미도스지의 한 빌딩 4층에 오사카 최고의 재즈 클럽이 있다. 혼자 가더라도 차분한 분위기에서 여유를 즐길 수 있다. 엘리베이터 문이 열리면 입구에서부터 부드러운 연주가 귀에 들려온다. 낯선 도시에서 집 같은 온기 찾을 수 있는 순간은 좋아하는 취향의 장소를 찾았을 때다.

러그 타임의 공연 시간은 19:30과 21:15로 두 타임을 즐길 수 있다. 각각 70분가량의 공연이다. 한쪽 모서리에 그랜드 피아노와 드럼 그리고 세션별 악기를 구성하여 연주할 수 있는 무대가 마련되어 있다. 그리고 빛의 강약이 크지 않은 핀 조명 하나가 무대 뒤 벽의 Rug Time Osaka를 비추고 있다.
작은 원형의 테이블과 의자가 무대를 바라보게 배치되어 있고, 손님들은 입장하면서 웨이터의 에스코트로 자리 잡고 음식이나 음료를 주문하였다. 여행지에서 공연이 있는 곳에 혼자 온다는 것은 꽤 어색할 수 있지만, 혼자 또는 둘, 여럿이 온 관객들까지 다양하였다. 군데군데 빈 테이블이 만들어 낸 거리감은 혼자 온 여행자의 마음을 편하게 해주었다.

매월 공연 스케줄 표가 따로 나오는데, 본인 취향의 음악이나 좋아하는 뮤지션이 아니더라도 높은 수준의 음악을 감상할 수 있다. 공연비가 따로 책정되고, 거기에 음식과 음료를 주문해야 한다. 하지만 오사카에서 이 정도 수준의 음악과 식사를 즐길 기회는 많지 않을 것이다.

공연을 오래 즐길 생각으로 피자와 맥주를 함께 주문하였다. 파이 느낌의 부스러지는 테두리 그리고 치즈와 몇 가지 채소가 혼합된 피자. 거기에 핫소스를 곁들여도 좋았다. 태어난 월에 맞춰 주문 가능한 칵테일도 있다.

음악을 좋아하는 사람이라면 러그 타임에 마음을 빼앗길 것이다. 그 이유는 단지 좋은 음악에만 있지 않다. 스케쥴 표에 빼곡히 적힌 음악가들의 타임 테이블이며, 곳곳에 붙어 있는 홍보물과 전단 그리고 화장실까지 장소를 가리지 않고 음악과 음악가 이야기로 도배가 되어 있었다.

공연장 내의 풍경을 인식하면 더 집중하는 청중이 된다. 이름 모를 음악가들이 내 앞에서 열정적으로 연주해 주고, 그들을 위해 누군가가 무대를 마련해 주었고, 정말 온전히 그 순간을 누리게 된다. 어떤 콘서트보다 감동할 수 있는 날이 될 것이다.

●

잠깐의 휴식이 필요할 때
파블로 커피

542-0086 Osaka-fu, Osaka-shi, Chuo-ku, Nishishinsaibashi, 1 Chome-9-2
매일 10:00~21:00
주메뉴 : 치즈 타르트

치즈 타르트와 함께 커피 한잔의 여유를 즐길 수 있는 카페

파블로 커피는 유명 타르트 체인점이자 대형 매장답게 넓은 공간과 내부 인테리어가 지친 여행자들의 발길을 자연스레 이끈다. 입구에서부터 디스플레이된 갖가지 메뉴들은 커피 한잔으론 넘어갈 수 없게 만드는 묘한 상술이 적용된 듯하다. '커피와 타르트의 조합은 맛있을 수밖에 없겠구나'를 이곳 입구에서부터 무의식적으로 깨닫게 된다.

파블로 커피의 장점은 치즈 타르트와 여러 타르트 메뉴를 커피 종류와 맛볼 수 있을 뿐만 아니라, 다양한 엠디 제품을 판매하고 있어 친구와 지인들에게 선물 또는 집으로 돌아와서도 그 맛을 한 번 더 감상할 수 있다는 점이다.

대형 카페답게 내부에는 각 테이블마다 테이블 위 전기 콘센트들이 있어, 급하게 전기를 사용하거나, 휴대폰 등을 충전할 일이 있을 때 스타벅스만큼이나 좋은 장소가 되어 준다. 또한 고소하고 달콤한 치즈 타르트 만큼이나 친절한 직원들의 응대에 감탄할 것이다.

치즈 타르트 '파블로'의 오너는 스테이크의 레어, 미디움, 웰던 굽기 차이에서 착안하여 치즈 케이크를 고객의 취향에 맞게 제공하면 어떨까 하는 생각으로 메뉴개발을 시작하였다. 그것이 지금의 '파블로'에서 맛볼 수 있는 '구운' 치즈 타르트의 시작이었다.

혼자 여행에서 늘 독특한 분위기만 찾을 수는 없다. 파블로 커피는 여행자에게 꽤 실용적인 카페이다. 주변 관광지와의 접근성도 좋고, 대형 체인이기에 편의시설이 잘되어있는 편이다. 그리고 마지막으로 혼자 여행에서도 혹시나 누군가와의 약속을 잡을 때 만남의 장소로도 활용할 수 있을 것이다.

Article #1. 오사카 여행지

오사카를 지역으로 구분하면 북쪽의 우메다 및 신 오사카 등의 기타 오사카 그리고 오사카성 주변, 남쪽의 덴노지와 신세카이, 관광 중심지인 도톤보리를 포함하는 미나미 오사카로 나눌 수 있다. 정리된 여행지를 기준으로 여행 루트를 짜면 짧은 여행부터 긴 여행까지 오사카의 주요 지역을 둘러보기에 충분할 것이다.

〈미나미 오사카〉

1. 도톤보리(난바 역) : 대표적인 관광 중심가다. 밤이면 불을 밝히는 네온사인들과 '글리코 상'이라 이름 붙은 트레이드 마크가 관광객들의 발길을 사로잡는다. 도톤보리강이 있어 유람선을 타고 이곳 분위기를 즐길 수 있다.

2. 덴덴타운(니혼바시 역) : 닛폰바시 역과 에비스초 역 사이에 위치한 대규모 전자 상가다. 전자 기계를 판매할 뿐만 아니라, 비디오 게임기와 그와 관련된 캐릭터 상품 등을 사거나 구경할 수 있다. 게임 관련 상점들이 많아 흔히 '덕후'라고 불리는 여행자들이 좋아할 만한 거리다. 덕후가 아니어도 한 번쯤 방문할 만하다.

3. 아메리카 무라(신사이바시 역)

오사카의 홍대라 불리는 아메리카 무라(아메 무라)는 여행의 중심 도톤보리에서 멀지 않다. 미츠 공원(삼각 공원)을 중심으로 젊은이들이 쇼핑을 즐기거나 맛집을 찾아다닌다. 일본의 패션 피플들과 최신 트렌드의 제품을 만날 수 있고 다양한 옷 가게도 둘러 볼 수 있다.

〈기타 오사카〉

1. 우메다 스카이 빌딩 : 우메다 역(입장료 : 어른 1,000엔 / 중고생 700엔 / 초등학생 500엔) 우메다 스카이 빌딩은 높은 곳에 있는 전망대에

서 시내를 관람할 수 있다. 무료 전망대 그리고 그보다 높은 공중정원(유료 전망대로)으로 나뉘어 있다. 170m 상공의 공중정원 야외에서 오사카 전체를 360도 파노라마로 감상할 수 있다는 것이 특징이다.
2. 햅파이브 관람차 : 우메다 역(입장료 : 600엔 / 5세 이하 무료) 우메다 지역의 중앙에 위치한 관람차. 도심 속에서도 놀이공원의 분위기를 느낄 수 있는 곳으로, 휴식과 관광을 함께 즐기는 매력이 있다.

〈덴노지 지역〉

1. 츠텐카쿠 : 일본 최초의 타워
2. 덴노지 동물원 : 도브츠엔마에 역(입장료 : 500엔) 90년 이상의 역사를 가진 동물원으로 덴노지 공원의 반 이상을 차지한다. 츠텐카쿠가 위치한 신세카이에서 가까워 남쪽 지역을 여행하다가 루트에 넣는다.
3. 아베노 하루카스 300 : 덴노지 역(성인 1500엔 / 중고생 1200엔) 90년대 지어진 우메다 스카이 빌딩 이후 2014년 완공된 오사카 최고 높이의 빌딩. 약 300m의 전망대에서 즐기는 최고의 야경이 있다.
4. 오사카성 지역 : 오사카성(다니마치욘초메 역, 성인 600엔 / 중학생 이하 무료.)은 여행자들이 오사카를 찾을 때 '글리코 상'과 함께 빼놓지 않고 방문하는 장소 중 하나다. 일본의 중요 문화재로 지정했을 뿐만 아니라 세계 유네스코 문화재로도 지정되어 있다. 오래된 성은 복원을 통해 재현되어 오사카의 옛 모습을 떠올리게 한다. 도요토미 히데요시의 난공불락 요새였다. 입장료를 내고 내부까지 들어갈 필요는 없고 성 주변의 공원을 따라 걸으며 외관 구경을 위해 한 번쯤 방문해볼 만하다.

Chapter 02

미나미 오사카 02

오사카의 도심에는 최근의 트렌드가 잘 반영되어 있다. 그중 하나가 바로 이종(異種) 문화가 결합한 상점들이다. 미용실과 전시회를 겸하는 가게, 옷 편집샵과 서점이 공존하는 북스토어, 1층에선 자전거 판매와 수리를 하고 2층은 라이더들의 커뮤니티로 운영하는 곳, 그 밖에도 카페와 서점을 함께하는 가게 등 다양한 문화와 취향이 함께 어우러진 가게들을 많이 볼 수 있었다. '미식'을 접하는 과정에서도 그런 장소들을 놓치고 지나칠 수 없었다. 음식문화 체험뿐만 아니라, 다양한 문화의 결합은 복잡함보다는 새로움으로 느껴진다.

QR코드 리더기로 QR코드를 스캔하면 도서에 소개된 곳의 위치 정보를 확인할 수 있습니다.

●

직장인들이 줄서서 먹는 맛집
中華蕎麦 葛 추카소바 카즈라

550-0011 Osaka-fu, Osaka-shi, Nishi-ku, Awaza, 1 Chome-12-21
월요일~토요일 11:00~16:00(일요일 휴무)
주메뉴 : 차슈 라멘

새로운 프렌치식 퓨전 라멘을 맛볼 수 있는 곳

도톤보리에서 북서쪽으로 올라가면 혼마치 지역이 나온다. 유동인구가 많은 장소는 아니지만, 이곳에는 추카소바 카즈라라는 소문난 맛집이 있다. 정오가 되기 전 일찌감치 직장인들이 줄을 선다. 카즈라만의 새로운 프렌치식 퓨전 라멘을 맛보기 위해서다.

내부에는 모든 손님이 조용히 라멘을 먹는 분위기다. 일반적인 라멘 가게와 같이 활기차고 타이트한 느낌은 적으나, 깊고 짙은 육수를 더 오래 음미할 수 있는 분위기다.

카즈라의 메뉴는 정통 라멘이 아니다. 콩국수처럼 살짝 걸쭉하고 크리미한 육수의 라멘이다. 거기에 색다른 느낌의 차슈가 더해져 프렌치식 퓨전 라멘의 느낌이 난다. 현지인 말로는 이러한 타입의 라멘이 7~8년 전부터 유행했다고 한다. 여러 라멘 대회에서 상도 받고 최근에 더 두각을 나타내고 있다.

라멘을 시킬 때 350엔짜리 차슈동을 추가 주문할 수 있는데 이 또한 특색있는 맛이다. 크리미한 육수의 라멘 만큼이나 매력적인 맛이다. 개인적으로는 모든 식사를 끝낸 바로 뒤에 이상하게도 차슈동 한 숟가락이 기억에 남았다.

라멘 주문이 들어가면 미리 다량으로 끓여놓은 육수를 1인분씩 작은 냄비에 담아 셰이커로 거품을 낸 뒤 면이 익을 시간 동안 한 번 더 데운다. 또 하나의 특징은 숙성한 차슈이다. 이베리코 하몽 같은 느낌의 숙성된 차슈가 들어간다. 크리미한 거품과 간장 육수의 만남 그리고 숙성된 차슈 조합의 처음 맛보는 라멘을 접하였다.

오사카 여행에서 '혼밥'하기 가장 편한 메뉴는 라멘이다. 라멘을 좋아하는 여행자라면 두세 곳 정도의 라멘 집을 둘러볼 것이다. 익숙한 라멘 맛에 질리거나 새로운 라멘을 찾고 싶은 사람이 있다면, 색다른 라멘으로 모험을 시도하는 것도 좋겠다.

●

꼭 한번 찾아가야 할 함박스테이크 맛집
四ツ橋カフェ 요쓰바시 카페

550-0013 Osaka-fu, Osaka-shi, Nishi-ku, Shinmachi, 1 Chome
-9-1 7
매일 11:00~18:00
주메뉴 : 함박 스테이크

찾기 쉽진 않지만 함박 스테이크에 자부심이 느껴지는 식당

신마치 지역의 주택가 건물 1층에 있어 눈에 잘 띄진 않는다. 특별할 것 없어 보이는 통유리 외관의 가게, 어릴 적 부모님과 함께 중요한 기념일에 다녀왔던 경양식 집의 추억이 느껴진다. 4인 또는 2인 기준으로 마련된 식탁들이 적당히 넓은 공간 안에 편리하게 배치되어 있다. 1인 손님을 위한 바 테이블도 준비되어 있다.

메뉴가 그림으로 소개되어 어렵지 않게 고를 수 있는데 주문 시 종업원은 소스 선택을 먼저 물어본다. 소스는 양파 소스 또는 일반 소스에 무를 갈아 올린 것, 데미글라즈 소스 이렇게 세 가지 중 선택이 가능하다. 함박 스테이크는 150g, 200g 양과 치즈를 올릴 것인지 기본으로 할 것인지를 고른다. 마지막으로 사이드 메뉴(치킨 가라아게, 새우튀김)가 포함된 것을 선택할 것인지 정하면 주문이 마무리된다.

주문이 들어가는 동시에 주방에서 고기를 다지고 치는 소리가 들린다. 일본 드라마에서 보던 훌륭한 맛과 모양의 함박스테이크가 기대되는 소리다. 예상보다 큰 접시에 함박스테이크와 사이드메뉴, 샐러드, 그리고 연두부 한쪽이 함께 나오는데 양이 상당히 많게 느껴진다. 접시에 흰 쌀밥과 작은 국 종류도 따라 나오니 든든한 한 끼 식사로 충분하다.

스테이크가 제공되는 순간 소스 향이 먼저 코끝에 와 닿는다. 젓가락을 깊게 넣어 스테이크 표면을 터뜨리면 육즙과 소스가 믹스되어 향이 깊어진다. 가라아게는 튀김가루를 두껍지 않게 입혀 닭고기 본연의 맛을 느낄 수 있다. 진하지 않게 간장 소스와 와사비를 섞어 적절히 찍어 맛본다. 스테이크와 사이드 메뉴인 가라아게 모두 나름의 맛이 끝까지 깊었다.

요쓰바시 카페는 사람이 많지는 않지만, 해가 잘 드는 통유리 탓인지 유난히 밝다. 맛집으로 소문이나 장사가 잘되는 곳이 아니더라도 충분히 실력과 맛을 유지하고 있는 동네 골목의 음식점이다. 접시 위의 음식 중 어느 것 하나 대충 만든 음식이 아님이 느껴진다.

●

재미있게 구경할 것이 많은 곳
Standard bookstore Shinsaibashi
스탠다드 북스토어 신사이바시

542-0086 Osaka-fu, Osaka-shi, Chuo-ku, Nishishinsaibashi, 2
Chome-2-12 クリスタグランドビル
매일 11:00~22:30
주메뉴 : 서점, 커피

커피를 한 잔 할지, 책을 살지, 옷을 구경할지

일본어를 못하더라도 한두 시간 구경할 거리가 있는 서점이다. 중간중간 코너마다 편집숍 느낌의 다양한 제품들이 구성되어 있고, 몇몇 작가들의 코멘트와 추천으로 이뤄진 매대도 흥미롭다.

일본 책들의 표지와 내용의 구성들을 보는 것만으로도 흥미로운 시간이다. 단순히 책만 구경할 생각이라면 이곳을 굳이 찾을 필요가 없겠지만, 책과 책 사이 지루함을 달래줄 다양한 제품들이 진열되어 있어 좋다. 디자인이 눈에 띄는 것도 있고, 정말 사고 싶어 하던 생활 물품도 있다. 쓸데없을 것 같지만 하나쯤 소장하고픈 그런 정크 제품도 종종 있다.

오사카 관광 중심지 중 하나인 아메리카무라데 위치했어도 드나드는 사람이 많지 않은 이곳은 1층 빈티지 샵과 지하 서점 그리고 카페가 함께 운영되는 스탠더드 북스토어 X 위고라는 가게다. 커피를 한 잔할지, 책을 살지, 옷을 구경할지, 아니면 구경만 할지. 고민 중인 여행자라면 이곳에 한 걸음 들여놔 보길 바란다.

말로만 풀어도 흥미로운 것을 눈으로 보고, 손으로 만져보며 시간을 보내다 보면 긴 시간이 금방 지나가 버린다. 오사카 여행 중 이곳에서 편하고 즐겁게 지내도 좋겠다.

서점 한쪽 카페에는 혼자 공부하는 사람, 친구와 대화 나누는 사람 등 다양한 부류의 사람들이 있다. 공간은 넓지만, 사람은 많지 않기 때문에 커피 또는 음료를 시켜놓고 휴식하거나 잠깐의 시간을 보내기 알맞은 곳이다.

도심 속 커피와 함께할 시간, 마운트 MOUNT

541-0041, Osaka-fu, Osaka-shi, Chuo-ku, Kitahama, 2 Chome-1-17
매일 10:00~18:00
주메뉴 : 커피

오 강(江)이 흐르는 분위기 좋은 기타하마의 리버 뷰 카페 미나미 오사카 지역의 북쪽 끝, 요도야바시역에 내려 오사카시청, 근대적 건물인 오사카 중앙 공회당 건물 등을 지나 오 강을 따라 걷다 보면 강 건너 기타하마 지역의 리버 뷰 카페들이 눈에 들어온다. 다리를 건너 큰길을 돌아 마운트 카페 정면에 서면 통유리 외관과 주황 조명 아래 설레는 내부 모습이 한눈에 들어온다. 마음이 홀린 듯 유리문을 열고 들어가게 된다.

문에서부터 쾌적하고 널찍한 내부 공간이 마음에 드는 카페다. 그룹 손님들이 앉을 커다란 원테이블이 문 앞에 있고, 안쪽으로는 길쭉한 바 테이블 한 개와 2인용 테이블 여러 개가 놓여 있다. 기본적인 커피 종류의 메뉴들이 나열되어 있다. 간단한 핫도그식 메뉴로 배를 채울 수도 있다.

카페의 가장 큰 매력은 역시 리버 뷰다. 창가에 위치한 유리문을 열고 테라스로 나가면 야외에서 강을 바라보며 커피를 마실 수 있다. 왕래하는 사람들로 북적거리는 요도야바시역에서 얼마 떨어지지 않은 곳에 강을 바라보며 커피를 즐길 수 있는 곳이 있다니 놀라운 풍경이다.

기타하마의 거리에는 마운트 카페뿐만 아니라 앤 아일랜드, 부르클린 로스팅 컴퍼니 등 유사한 리버 뷰 카페들이 붙어있다. 손님이 몰리는 시간에는 야외 테라스에 손님들이 많이 몰린다.

아쉬운 점이 하나 있다면 오후 6시면 카페 영업이 종료된다. 리버 뷰 테라스에서의 커피 한잔을 여유롭게 즐기려면 낮에 방문해야 한다.

따듯한 커피, 아이스 아메리카노, 비엔나커피 세 종류를 맛보았다. 대체로 산미가 강한 커피 맛이다. 야외서 맛본 커피는 들숨에 들어오는 바깥 공기와 어우러져 긴 시간 향이 남아있었다.

이름처럼 자유를 추구하는 조용한 바
Bar Freedom 바 프리덤

542-0074 Osaka-fu, Osaka-shi, Chuo-ku, Sennichimae 1, Chome-6-14, #202
수요일~월요일 17:00~01:00
주메뉴 : 일본 위스키

멋지고 아늑한 바, 언제나 실망하게 하지 않는 위스키 한 잔이
기다리고 있다.

일반적인 메뉴판 대신 시크하게 내민 태블릿에 각 주류의 간략한 설명과 가격이 적혀있다. 굳이 어려운 메뉴를 일일이 살펴보지 않고도 마스터의 추천으로 위스키 한잔을 마실 수 있다. 물론 일본 위스키에 관심 있는 사람은 마스터와 다양한 이야기를 나누거나 설명을 들을 수 있다.

바의 오사무 마스터는 스물한 살부터 5년간 바텐더를 하다가 결혼 후 20여년간 직장생활을 했다. 자녀를 다 키운 뒤 마흔 후반이 되어서야 3년 전 이곳에서 하고 싶던 바 운영을 다시 시작하였다.

그룹 손님보다는 술과 이야기를 나눌 수 있는 개인적인 손님이나, 대화를 나눌 손님을 만나는 slow business를 하고 싶다는 나름의 가게 운영 철학을 갖고 있다. 여행자 혹은 관광객의 밀도가 높은 도톤보리에서 진한 술 한잔을 의미 있게 마시고 싶은 여행자에게 추천한다.

술에 대해 잘 몰라도 괜찮고 혼자 왔어도 괜찮다. 적막이 느껴지는 초록색 바탕의 BAR 간판. 단출한 문과 조용한 내부. 술을 마셔만 보았지 잘 모른다고 하는 여행자도 바 프리덤의 비스듬한 바 테이블에 자릴 잡고 앉으면, 마스터와 마주하며 자신의 취향을 찾아갈 수 있다. 벽 한가득 채워진 주류들의 나열을 바라보는 것만으로 기대가 되는 시간이다.

혼자여서 더 행복한 맛집
히모노 야로

541-0059 Osaka-fu, Osaka-shi, Chuo-ku, Bakuromachi, 3 Chome3-1 2
월요일~토요일 11:30~15:00 / 18:00~23:00
주메뉴 : 생선구이 정식

매일마다 그날의 생선구이 정식이 점심 메뉴로 나온다.

히모노 야로는 회사가 많은 미나미 센바에서 멀지 않은 골목에 있는 생선구이 백반 식당이다. 벽에 딱 달라붙을 정도로 좁은 내부에서 혼자 온 손님들이 옹기종기 붙어 점심을 먹는다. 식당 앞길을 지나다 보면 자연스레 피어나는 생선구이 연기 때문에 문 앞을 기웃댈 수밖에 없다. 메뉴판 가장 상단의 800엔짜리 오늘의 메뉴를 선택하면 주인아저씨가 그날그날 준비한 '오늘의 생선구이'를 내어준다.

안이 비좁아 일손이 많이 필요하지 않아 보이지만, 주인아저씨의 일을 돕는 아르바이트생이 한 명 있다. 손님 한명 한명이 들어올 때마다 큰 소리로 인사하고 자릴 안내해 준다. 내부에 진동하는 생선구이 향만큼, 친절함도 가득하다. 식당의 표정은 꾸준히 밀려오는 손님들 때문에 밑반찬을 미리 준비하고 생선을 굽는 데 여념이 없다.

이곳을 갔을 때 오늘의 메뉴는 연어구이였는 데 적당히 도톰한 연어살과 흰 쌀밥 그리고 재첩이 가득 들어간 미소국 맛이 좋았다. 큼지막한 연어구이 한 덩어리는 마치 소고기 스테이크처럼 두툼한 두께로 구워져 나왔다. 먼저 연어 살코기를 한 젓가락 밥 위에 얹어 먹어 봤다. 그리고 함께 나온 밑반찬들과 어울려 맛을 보았다. 오랜만에 맛보는 연어구이를 반찬 삼아 먹다 보니 고등어, 갈치 등 익숙한 맛에서 벗어나 없던 입맛까지 살려낸다. 마지막 한 젓가락까지 쉬지 않고 먹게 된다.

식사 중 한 모금씩 마시는 보리차는 식사와 궁합이 잘 맞았다. 다른 날에는 또 어떤 생선이 준비될지 궁금했다. 저녁이 되면 2층까지 퇴근 후 직장인들이 즐기는 생선구이 선술집이 된다.

오사카에서 유일한 야시장 느낌의 식당
기요틴

550-0013 Osaka-fu, Osaka-shi, Nishi-ku, Shinmachi 1 Chome-2-6
매일 17:00~06:00
주메뉴 : 이자카야

혼자나 둘이서 가볍게 야간 포차를 즐길 수 있는 곳.

한신 고속도로 1호 칸죠선 고가도로 아래에 해가 진 뒤 더 아름다운 가게 기요틴이 있다. 신마치에서 미나미 센바 지역으로 이어지는 길에 있는데 저녁 시간 야외 전구에 불이 들어오고 테이블에 삼삼오오 사람들이 모여들면 건물 옆 벽은 가게의 인테리어처럼 느껴지기도 하고, 널려 있는 맥주 박스는 곧 의자가 되기도 한다. 게다가 길가에 덩그러니 오픈해 놓은 병맥주용 철제 박스는 이 집의 자유로움을 대표하는 듯하다.

워낙 많은 메뉴를 취급하고 있어, 무엇이 대표 메뉴인지 알 수 없다. 다양한 메뉴판 때문에 무엇을 주문할지 난감할 수 있지만, 어느 것을 시켜도 만족할 만한 맛을 얻을 수 있다. 친절한 아르바이트 직원에게 추천을 받는 것도 좋다.

이곳에서 동남아의 야시장이 상상되었다. 야시장 느낌에 흠뻑 취해 꼬치와 매운 볶음밥을 주문했다. 매운 볶음밥은 레벨 조절이 가능하다. 7단계의 맵기 중 중간인 3~5를 취향에 따라 고르는 것이 좋다.

꼬치 요리는 두말할 필요 없이 부위마다 골고루 맛이 있었고, 볶음밥도 적절히 맥주와 함께 빈속을 채워주는 역할을 한다. 직원에게 추천받아 주문한 소 도가니를 볶아 만든 음식이 있었는데, 기요틴에서 가장 맛있게 먹은 메뉴였다. 맥주를 한 병 두 병 셀프로 마시다 보면, 현지인이 된 듯한 느낌도 든다. 혼자 온 다른 손님이 있다면 자리를 합석해도 될 만한 분위기다.

고가로 아래의 어두컴컴한 길 한 편, 야외에서 불빛을 밝히는 작은 포장마차. 실내 좌석도 있지만, 웬만한 손님들 모두 건물 벽 아래의 야외 포장마차에 모여 술자리를 벌이고 있는 모습은 친근하고 소탈한 마음을 전달한다.

꼭 한번 다시 생각나는 어묵집
Sakaba Itch 사카바 이치

542-0081 Osaka-fu, Osaka-shi, Chuo-ku, Minamisenba 4 Chome-10-2
금, 토 18:00~04:00 | 일, 월, 수, 목 18:00~02:00(화요일 휴무)
주메뉴 : 어묵 요리

기존에 먹었던 맛과 확연히 달랐던 어묵요리집.

사카바 이치는 창이 없는 가게로 내부를 살필 수 없어 처음엔 접근하기가 쉽지 않았다. 그래서인지 창문 대신 대문을 활짝 열어놓고 장사를 하고 있다. 처음에는 저녁 6시 무렵 미나미 센바 상점가를 거닐다가 1층에서 두 손님이 왁자지껄하는 소리에 이끌려 사카바 이치에 들어서게 되었다. 아직 해가 떠 있는 낮이어도 내부는 어두운 편이다.

'ㄷ'자 형 바 테이블이 있고, 정면엔 주류와 음료들 그리고 한쪽 벽면엔 메뉴가 적혀 있다. 메뉴에는 어묵 종류가 즐비하다. 이곳은 어묵 전문점이다.

오사카의 일반적인 어묵 전문점이 이런 느낌인지는 잘 모르겠지만, 이곳은 메뉴보다 조금은 특색있는 인테리어를 한 가게 같다. 테이블 끝에는 조명이 들어오는 지구본이 소품으로 장식되어 있다. 지구본 때문에 가게 주인이 왠지 여행자의 마음을 헤아릴 줄 아는 사람일 것 같았다.

이곳의 일본식 어묵 요리는 너무나 특이하다. 맛 자체가 처음 접해본 음식이다. 국물부터 기존에 맛보았던 어묵 요리들과 확연히 달랐다. 간장 또는 된장 등으로 푹 끓인 육수 맛이 우러났고, 어묵에도 간이 잘 들어 있어 조금 짠 맛이 있지만, 그 안에 깊은 향이 배어 있었다.

처음 음식이 나왔을 때 무언가 갈아 얹은 어묵 하나에도 고급스러운 요리의 느낌이 느껴졌다. 전체적으로 탕의 느낌이 강한 기존 어묵 요리와 달리 조림에 가까웠다. 이곳에서 맛본 어묵 요리는 다음 날 혹은 한국에 돌아와서도 꼭 다시 생각날 것이다.

오사카에서 맛보는 다른 지역의 맛
やすべえ 道頓堀店 야스베 도톤보리 점

542-0085 Osaka-fu, Osaka-shi,, Chou-ku, Shinsaibashisuji,
2-chome—4— 4 1F
화요일~일요일 11:30~22:30(월요일 휴무)
주메뉴 : 츠케멘

다른 지방에서 유행한 음식을 오사카에서 맛보기

도톤보리강의 도톤보리 다리 북쪽으로 첫 번째 건물에 위치한 라멘집이다. 무수히 많은 라멘 가게 중 여행자들이 이곳을 찾는 이유는 바로 츠케멘을 맛보기 위해서다. 도톤보리에서 가까운 가게답게 한국어 메뉴가 준비되어 있다. 그만큼 많은 사람에게 알려진 가게다. 여행객들이 몰려드는 시간을 살짝 피해 가보는 것이 좋다.

좁고 긴 구조의 가게를 쭉 들어가다 보면 주방과 붙어있는 긴 테이블이 나온다. 여느 라멘집처럼 주방을 마주 보고 앉는 구조이다. 츠케멘을 주문하고 기다리다 보면 주방의 뜨거운 열기가 그대로 전해진다.

츠케멘은 도쿄 지방에서 넘어온 음식으로 오사카에서 맛볼 수 있는 곳은 많지 않다. 츠케멘, '묻히다'의 일본어인 '츠케루'에서 유래한 도쿄 지방의 라멘이다. 그 의미를 해석하자면 '묻혀 먹는 라멘' 정도가 되지 않을까. 메뉴에서 츠케멘을 주문하고 처음 음식을 받은 여행자라면 놀랄 수도 있다. 츠케멘은 라멘과 여러모로 다르다.

일단 우동 정도의 굵은 면발로 일반 라멘과 큰 차이가 있다. 그리고 면과 육수가 따로 나온다는 점이다. 메밀 소바를 먹듯이 적당한 양의 면을 육수에 담갔다가 맛을 보면 된다. 면을 묻혀서(츠케루) 한 입 호로록 맛보는 것으로 시작한다.

츠케멘 야스베는 오사카 지역에서 처음 생긴 츠케멘 식당이다. 매운 강도와 면의 양 등을 원하는 대로 주문할 수 있다. 매운맛이 그립다면 가장 매운맛에 도전해 볼 만도 하다.
혼자 온 오사카 여행, 글리코 상 앞에서 사진 찍다가 급한 배고픔에 맛집을 찾아야 한다면, 츠케멘 야스베에서 매운 면 요리를 한 그릇 먹는 것도 좋다.

도톤보리는 먹을거리가 넘쳐나는 관광지다. 실제로 오사카를 칭하는 말 중에는 '천하의 부엌'이라는 말이 있을 정도다. 그만큼 다양한 음식이 모여드는 도시 오사카. 오사카에서 맞이하는 도쿄의 맛도 좋을 듯하다.

최고의 청음 분위기를 갖춘 프라이빗한 공간
재즈바 탑 랭크

542-0076 Osaka-fu, Osaka-shi, Chuo-ku, Nanba, 1 Chome-6
-18 中和ディキシービル
매일 17:00~01:00
주메뉴 : 주류, 음악

유독 쓸쓸하게 음악이 들리던, 도톤보리 뒷골목 작은 재즈바

도톤보리에서 한 블록 떨어진 곳이지만 사람들의 왕래가 잦지 않는 골목길이다. 그런 골목에서 가장 컴팩트하게 음악으로 채워진 건물에 재즈바 탑 랭크가 있다.

밖에서 내부의 모습을 알 수 없지만, 호기심 가득히 문을 여는데 쿵쿵거리며 묵직하게 깔리는 베이스음이 마음을 사로잡는다. 가게 안쪽 끝에서 울리는 진공관 앰프는 가게 어느 곳에 앉더라도 완벽한 청음이 가능하다. 빛과 어둠 그리고 그림자 세 가지의 밸런스가 완벽하게 어울리는 공간이다. 한쪽 벽 가득히 있는 오래된 LP 레코드는 잠시 눈으로 즐길 거리를 준다. 음악을 좋아하는 여행자라면 한 번 더 숨죽이며 재즈바 탑 랭크를 음미하게 될 것이다.

가게는 70대 할아버지 한 분께서 운영 중이다. 좋은 사케 하나를 오스스메(추천)해달라 말했더니 아랫입술까지 떨릴 정도로 수차례 고개를 가로저으며 우메주를 맛보라 하셨다. 약간의 시크함이 느껴지는 주인이었지만 보이는 것과 달리 기본 안주의 구성에 놀랐다. 사탕 몇 개에 과자 견과류 등으로 보였는데, 그 외에도 말린 육포, 치즈 소시지 등 작은 바구니 안에 골고루 담겨 있었다. 프리첼 과자와 짭조름한 크래커 마지막으로 귀여운 은박 봉지에 담긴 작은 헤이즐넛과 화이트 초콜릿. 하나하나 음악과 술을 즐기러 온 사람을 위한 세심함이 느껴졌다.

오사카 최고의 청음실. 도톤보리 뒷골목 2층의 작은 재즈바는 가게 안에서 흘러나오는 음악이 유독 쓸쓸하게 들린다. 최고의 청음 분위기를 갖춘 프라이빗한 순간, 재즈바 탑 랭크를 한마디로 표현하는 말이 될 것이다.

이곳을 찾는 사람에게겐 단술 한잔과 취향에 맞는 음악으로 오사카 여행의 밤을 수놓게 될 것이다. 달고 단 음악과 술 한잔의 시간을 즐겨 보길 바란다.

Article #2. 라멘, 일본식 중화요리

라멘은 메이지 시대인 1870년대부터 요코하마의 차이나타운에 정착한 중국인들이 팔기 시작하면서 기원했다는 이야기가 있다. 그렇게 중국에서 이주한 사람들에 의해 일본 전역으로 차츰차츰 보급되고 판매되었다.

반세기 후 일본은 태평양 전쟁에서 패망하였고, 종전 후 아시아 전역에 터를 잡고 살던 사람들이 각 지역으로 돌아오게 되었다. 이때 중국 영토, 특히 만주 지역에 거주하며 장사를 하던 사람들이 있었는데 그들이 중국식 면 요리를 일본인들의 입맛에 맞게 더욱 변형하여 보급하였다. 여기에 더하여 일본 각 지역에 정착된 라멘은 각 지역 특색에 맞게 재탄생 되었고, 그 요리들이 지금의 라멘까지 이어졌다.

그래서인지 오사카에서 찾는 라멘 집마다 쓰여 있던 문구가 기억에 남는다. '中華蕎麥' 중화소바(일본 발음으로 츄카소바)라고 적힌 라멘 집들의 간판이다. '혼밥' 여행을 하기 전 일본인들이 라멘에 대한 자부심이 강해 자신들의 음식이라고 여길 줄 알았다. 그런데 우리의 짜장면과 짬뽕을 중화요리라고 하듯 라멘에도 중화소바, 즉 중국식 소바 요리라는 표현을 하는 것이 신기했다.

라멘의 역사만큼이나 복잡한 라멘의 종류에 대해 알고 먹도록 분류를 나열하였다.

〈육수별〉

1. 돈코츠, 부타파이탄 : 돼지뼈 육수로 맛을 낸 라멘으로, 육수의 강하고도 깊은 맛이 한국인의 입맛에 잘 맞는다.
2. 닭백탕, 토리파이탄 : 닭 육수 계열로 진한 닭곰탕 국물에 국수를 말아 먹는 느낌의 라멘.

3. 어류, 교카이스프 : 일반적으로 가쓰오부시나 멸치 등 말린 어류 및 다시마 등을 사용하여 끓인 국물로 만드는 라멘이다.
4. 야채, 베지포타 : 주로 건 표고버섯, 무, 배추 등을 끓인 야채 국물 라멘이다.

〈소스별〉

1. 소유 라멘 : 흔히들 간장이라고 말하는 '소유'로 장을 넣어 맛을 낸 가장 기본적인 라멘
2. 미소 라멘 : 일본 된장인 미소로 간을 맞춰 주로 뽀얀 돼지 뼈 육수에 곁들인 라멘.
3. 시오 라멘 : 맑은 국물에 소금으로 간을 한 깔끔하고 개운한 라멘

〈지역별〉

1. 삿포로 라멘 : 추운 지역 탓인지 미소 베이스에 짜고 매운 강하고 진한 맛이다. 또 하나의 특징은 버터를 넣어 고소한 맛을 가미한다는 점이다.
2. 도쿄 라멘 : 전통적인 간토 지역의 스타일로 닭뼈로만 국물을 우려낸 깔끔한 육수에 간장 또는 소금을 가볍게 간을 하여 먹는다. 깔끔한 소유 라멘과 시오 라멘쪽으로 즐기는 편이다.
3. 하카다 라멘(큐슈) : 돼지 뼈 100% 또는 닭 뼈와 반반 조합으로 뽀얗고 진한 육수를 우려낸다. 후쿠오카 지역 특산인 돈코츠 라멘 스타일이 많고, 조금 느끼한 맛이 특징이다.

라멘의 역사와 분류에 대한 짧은 정보가 라멘을 처음 접하는 사람들에게 조금이나마 이해되고 도움이 되길 바란다. 하지만, 라멘을 단순히 위와 같은 방법으로 분류를 하기에는 조리 방법과 맛이 너무나 다양하다. 이 밖에도 라멘의 종류는 끊임없이 만들어지고 분류되고 있으며 라멘의 변화는 현재 진행형이다.

Chapter 03

기타 오사카
오사카성 | 덴노지 01

오사카 중심과는 또 다른 매력의 세 지역을 함께 묶어 보았다. 요도강 너머 북쪽에 위치한 기타 오사카, 대표적 관광지인 오사카성을 중심으로 한 지역 그리고 난바 아래에 위치한 남쪽 지역 덴노지다. 사실 외곽이라 할 만큼 미나미 오사카에서 먼 지역은 아니지만, 여행자들이 넘쳐나는 중심지와는 확실히 다른 분위기를 느낄 수 있다. 직장인들의 퇴근길에 위안을 주는 시끌벅적한 식당가, 이제는 한물간 동네를 살려내는 새로운 골목 카페 등 미나미 오사카에서 볼 수 없었던 또 다른 느낌의 가게들이 있다.

QR코드 리더기로 QR코드를 스캔하면 도서에 소개된 곳의 위치 정보를 확인할 수 있습니다.

●

레트로의 분위기가 돋보이는 세련된 공간
Taiyo No Tou 타이요 노 토우

530-0016 Osaka-fu, Osaka-shi, Kita-ku, Nakazaki, 2
Chome-3-12 パイロットビル
매일 09:00~22:00
주메뉴 : 일본 가정식 세트

내부 인테리어만으로도 손님을 사로잡는 나카자키초의 명물,
타이요 노 토우

기타 오사카의 카페거리로 소문난 마을, 나카자키초역에서 마을로 들어가다 보면 점심 식사와 커피 등을 즐길 수 있는 식당이 나온다.

내부에 들어서면 아기자기함이 인상적인 벽지에 오랜 손때가 묻은 가구와 식탁, 의자 등이 아늑함을 더한다. 인테리어가 단순히 유행을 따른 설정이 아닌 주인장의 취향과 관심이 스며든 느낌이다. 어느 곳을 둘러 보아도 카메라 셔터가 눌러지는 프레임이 만들어졌다.

'타이요 노 토우'는 4가지 점심 세트 메뉴를 제공한다. Osouzai (japanese deli) set meal / Butter chicken curry with salad / Tofu hamburger set meal / Today's stew with homemade bread & salad 메뉴판에는 이렇게 네 가지 메뉴가 적혀 있다.

인기 메뉴는 일본 가정식 세트. 흰 쌀밥에 미소, 계란을 푼 미소 계란국과 우엉조림 반찬, 달걀로 만든 반찬과 차슈 반찬이 나온다. 여느 식당에서 볼 수 없는 특별한 구성의 정식이다.
버터 치킨 커리와 두부를 이용한 함박스테이크 역시 그들만이 만들어낸 특이한 메뉴다.

귀여운 가게의 이미지에 반할 장소지만, 맛에도 센스가 느껴진다. 다양한 맛을 가진 식사는 아니지만, 몸에 좋은 재료를 사용한 메뉴로 어디서도 쉽게 맛보지 못할 음식들이다. 그야말로 깔끔하고 깨끗한 정식 한 끼다.

기타 오사카의 떠오르는 핫 플레이스
쿠시카츠 샤조우

553-0003 Osaka-fu, Osaka-shi, Fukushima-ku, Fukushima, 5 Chome-12-18
매일 18:00~01:00
주메뉴 : 쿠시카츠

쿠시카츠에 깔끔함을 더해 해질녘 직장인들의 발목을 잡는다.

후쿠시마역 주변의 작은 쿠시카츠 가게. 쿠시카츠는 매력적인 음식이지만, 튀김 음식이라는 편견이 있다. 쿠시카츠 샤조우의 튀김은 조금 다르다. 사장님의 친절한 태도와 적절한 플레이팅 때문인지 가지런히 차려진 간식이라는 생각이 들었다. 가게 안의 풍경도 쿠시카츠를 맛보는 내내 조용한 분위기가 이어졌다.

쿠시카츠 샤조우에서는 새우, 영근, 닭고기, 아스파라거스 등 생각지도 못한 다양한 종류의 튀김이 있다. 다른 쿠시카츠 집과의 차별점이 더 있다면 세 가지 맛의 소스다. 와사비, 마요네즈, 소금을 기본으로 한 소스를 내어 주는데 쿠시카츠의 연한 튀김 옷과 잘 어울리는 맛이다. 여느 쿠시카츠 집과 달리 북적북적 손님이 넘쳐나는 것이 아니고, 동네 포차처럼 편안한 분위기에서 쿠시카츠를 즐길 수 있다.

오사카를 여행하던때 친구들을 만나 이곳에 함께 들렀다. 교토를 당일치기로 여행하고 온 뒤 한신 우메다 역에 내려 한참을 걸어가서 맛본 쿠시카츠였다. 늦은 밤 허기를 달래주기에 충분했다. 튀김 음식이 이렇게나 깔끔하고 정갈할 수 있다는 것을 알려준 쿠시카츠 샤조우였다.

며칠 뒤 다시 한번 쿠시카츠를 먹기 위해 이곳을 찾았다. 오사카의 골목이 낮과 밤이 달라서인지 초행길처럼 찾기 힘든 곳에 있었다. 그리고 너무 이른 시간이어서인지 문은 닫혀있었다. 오후 5시가 넘어서까지 기다려 보았지만 발길을 되돌릴 수밖에 없었다. 다른 쿠시카츠 집들을 찾아보았지만, 이 집에서 맛본 기억을 채우지 못하였다.

오사카를 다시 찾거나, 쿠시카츠가 다시 생각이 날 때면 다시 꼭 찾고 싶은 곳이다.

●

깊이가 다른 일본식 카레를 맛보고 싶다면
토쿠마사

550-0002 Osaka-fu, Osaka-shi, Nishi-ku, Edobori, 1
Chome-8-2 4
월~토 11:00~21:00(일요일 휴무)
주메뉴 : 일본식 카레

이름이 알려진 체인점이지만 특유의 친절함과 농도 깊은 카레 맛이 느껴진다.

오사카 시내에서 오사카성으로 가는 큰길인 나가호리 거리에 있는 토쿠마사, 학교와 주택이 많은 지역의 큰길에 반듯하게 적힌 TOKUMASA라는 간판이 보인다. 의외로 쉽게 마주칠 수 있는 카레 집이지만, 토쿠마사는 그들만의 독보적인 맛을 갖고 있다. 매콤달콤함이 적절히 기본 베이스로 깔려 있으며 다양한 토핑을 골라 먹을 수 있는 일석이조의 맛집이다.

토쿠마사는 주변에 학교들이 많아 하교 시간에는 학생들을 많이 볼 수 있다. 너무 맵지 않고 달콤한 느낌이 살짝 배어 있기 때문에 연령을 불문하고 대중들에게 인기가 있다. 가게의 내부는 넓지만, 주방이 대부분을 차지할 만큼 주방이 오픈된 느낌이다. 바로 눈앞에서 큰 국통에 카레가 저어지고 있는 모습을 볼 수 있어 믿고 먹을 수 있다.

비프 카레, 돈카츠 카레, 가지 카레 등 다양한 선택 메뉴에 여러 가지 토핑을 더 할 수 있었다. 그날그날 큰 스테인리스 국통에 크게 카레를 한 솥 끓여 준비하였다. 이 때문인지 카레의 맛은 시간대에 따라 조금씩 미묘한 차이가 있다.

돈카츠 카레에는 치즈 토핑이 유독 잘 어울린다. 살짝씩 매콤함과 달콤함이 도는 카레의 풍부한 맛과 어울려 치즈 입은 돈카츠를 한입 베어 물면 밥을 위한 카레라기보다 돈카츠를 위한 소스가 아닌가 싶을 정도로 잘 어울리는 맛이다. 돈카츠를 모두 먹은 뒤 카레를 비빈 밥 사이에 미리 받은 날달걀을 풀어 함께 섞어 먹는다. 마무리 한 입까지 밥알 하나하나 식감을 살린 날달걀 노른자의 위력을 새삼 느끼게 될 것이다.

밥과 함께 하는 카레가 아닌 고기, 튀김, 계란 등 여러 가지 토핑을 가미해 소스처럼 카레를 먹는 것도 좋다. 맛의 다양함을 직접 찾아 먹을 수 있다. 퇴근 시간은 사람이 많이 몰릴 수 있으니, 오후 5시쯤 가는 것이 좋다.
오사카의 오랜 골목길을 느낄 수 있는 카라호리와도 이어지는 큰 대로변에 있으니 함께 여행해도 좋다.

각자에 맞는 편안한 공간
Calo Bookshop&Cafe 깔로 북샵&카페

556-0002, Osaka-fu, Osaka-shi, Naniwa-ku, Ebisuhigashi, 1 Chome-19-6
화요일~토요일 12:00~18:30 (일요일, 월요일 휴무)
주메뉴 : 책, 카페

책과 카페, 전시장의 절묘한 조화

겉보기엔 별 특징 없는 골목 모퉁이 5층짜리 빌딩이지만, 이곳에 책과 카페, 그리고 전시장의 절묘한 조화를 이룬 Calo Bookshop&Cafe가 있다. 책을 기대했다면 책방으로, 커피와 간단한 식사를 원한다면 카페로, 휴식이 필요한 사람에겐 갤러리로, 의미에 맞게 편안한 공간이 되어 준다.

직장인들로 활기를 띠는 나카노시마 섬과는 반대로 히고바시역을 기준으로 아래 지역은 조용한 동네 분위기다. 깔로가 위치한 곳 역시 사람들이 많이 왕래하는 지역은 아니다. 같은 건물에는 층마다 작은 갤러리와 전시장이 있고, 가장 위층인 5층에 깔로가 있다.
입구부터 안으로 긴 구조의 가게에는 작은 전시가 열린다. 중간에 카페 카운터와 끝으로 책장이 있다. 전시 공간 때문에 조용히 해야 할 것 같은 분위기지만, 점심시간에는 단골들이 카레를 맛보러 오기도 한다.

다닥다닥 붙은 건물들이 있어 멋진 뷰는 아니지만, 창가 한쪽으로 앉아서 책을 보거나 커피 한잔할 수 있는 공간도 있다. 마음에 드는 책을 골라 휴식도 취할 수 있다. 취급하는 책의 종류는 대부분 독립 출판 작가들의 책이다.
독립 출판과 독립 서점의 붐이 일어난 한국처럼 유행을 탄 가게인 줄 알았는데, 벌써 15년째 운영하는 역사 있는 책방이다.

이곳을 찾았을 때 문을 닫을 시간에 가까운 저녁 6시 경이었는데 들어가자마자 한적한 책방을 정리하는 주인과 눈이 마주쳤다. 문을 닫으려나 보다 하고 나오려는데 통하지도 않는 말로 기꺼이 둘러보라는 제스쳐를 취해 주었다.

미안한 마음을 갖고 둘러보던 나에게 짧은 영어로 계속해서 말을 건네며 책방의 책들과 전시내용을 설명해 주었다. 주변에 비슷한 콘셉트의 서점들도 소개해 주었다. 서점끼리 경쟁하기보다 서로 알려주고 관심을 가져주는 것은 한국과 마찬가지였다.

더 알차게 사용할 수 있는 공간들이 있음에도 여유로운 전시와 책 진열에 신경을 쓴 듯한 느낌이 들고, 책과 전시 그리고 작가들에 대한 책방 주인의 애정이 느껴진다.

오래된 시간 그대로의 멋
카페 츠텐카쿠

556-0002, Osaka-fu, Osaka-shi, Naniwa-ku, 1 Chome-19-6 Ebisuhigashi
매일 08:00~20:00
주메뉴 : 카페

낡은 것이 다가 아니라 그대로의 멋을 가진 카페 츠텐카쿠.

신세카이에서 만난 오래된 다방에서는 레트로 분위기가 물씬 풍겼다. 착석과 동시에 나이 지긋한 아주머니가 서빙해준 물 한 잔과 물수건이 왠지 정겹다. 카페 츠텐카쿠는 이름을 대표하듯 츠텐카쿠 바로 앞에 위치한 카페다. 문을 열고 나면 고개를 한껏 젖혀 높은 츠텐카쿠 타워를 봐야 할 정도로 코앞에 닿아 있다.

한 번의 '신세계'를 겪고 다시 오래된 신세카이(신세계)가 되어버린 지역에서 가장 복고적인 분위기를 느낄 수 있는 곳 중 하나다. 우리의 다방 같은 분위기를 내면서도 단지 낡고 오래된 것을 의미하진 않는다. 정직한 한자로 '通天閣(통천각) 츠텐카쿠'라고 적힌 간판과 내부의 검은 테이블, 은은한 조명 그리고 문 앞에 손님을 맞이하는 붉은 'Welcome' 카펫까지 모든 것 하나하나가 인상적이다.

어쩌면 한물간 다방이라고 지나쳐 버렸을 이런 곳들이 지금도 유지되고 있는 것이 신기했다. 내부에는 손님은 많지 않다. 한 낮에도 사람들로 꽉 들어찰 것 같진 않았다. 이곳의 향수가 그리워 들리는 노인이나 나처럼 느낌 자체가 참신함으로 느껴지는 여행자나 들릴 분위기다.

물 한 잔과 물수건은 다방이 문을 연 후 전혀 가공하지 않은 듯한 장소에 어울릴 만한 첫인상이었다. 누군가 새로운 모습으로 포장하려 하지 않더라도 레트로한 느낌이 재생산되었다. 사람들의 발길이 아주 빈번하진 않지만, 조금씩 드물게라도 끊이지 않는 그런 곳이 되었으면 하는 곳이다.

이름 정직한 카페에 앉아, 한물간 분위기의 신세카이와 텐노지 지역의 옛 정취를 느껴보는 것도 나쁘지 않은 시간이다. 여행 중 발길이 닿는다면, 설탕 가득 냉커피 또는 파르페와 같은 추억의 입맛을 되살려 보는 것이 좋겠다.

영국 귀족 생활을 담은 아늑한 카페
토링턴 티 룸

542-0062 Osaka-fu, Osaka-shi, Chuo-ku, Uehonmachinishi, 2 Chome-5-56
화, 수, 목 11:30~18:30 | 토, 일 10:30~18:30(월, 금 휴무)
주메뉴 : 티 카페

동화 속 숨겨진 장소 같은 공간에서 마시는 차 한 잔.

다니마치의 좁다란 골목 사이, 미로 같은 길 속에 영국 귀족풍의 아늑한 카페가 있다. 가까이 가서야 단아한 느낌의 글씨체로 TORRINGTON TEA ROOM이라고 가게 이름을 확인할 수 있다. 겉모습에서 영국식 홍차를 제대로 맛볼 수 있을 것 같은 기대감이 들었다. 사실 홍차가 아닌 다른 어떤 것을 판다고 해도 믿음 가는 외관이었다.

손끝에 닿는 미끈한 금색 철제 손잡이를 양쪽으로 당기면 바로 19세기 잉글랜드의 모던함 속으로 들어가게 된다.

메뉴판을 받으면 큰 고민에 빠지게 된다. 티 룸 답게 다양한 홍차가 종류별로 나열되어 있다. Darjeeling, Assam, Uva 등 인도와 스리랑카 유명 차 생산지의 홍차가 있다. 차에 대한 조예가 깊지 않다면 최상단의 다즐링을 선택해서 맛보기 바란다.

홍차에 추가해서 늦은 아침과 이른 점심을 대신할 메뉴로 에그 베네딕트를 주문해도 좋다. 홍차와 함께 오전의 브런치를 즐기기 좋다.
베이컨과 삶은 시금치 그리고 수란을 올리고 홀랜다이즈 소스를 얹어 먹는 에그 베네딕트와 다즐링 차 한잔은 오사카성을 여행하기 전 간단한 브런치로 좋다.

홍차 전문점 '토링턴' 티 룸은 길을 헤매다 우연히 마주쳐 방문했다가 일찍 문을 닫아 다음 날 다시 찾아갔었다. 처음 맛보는 에그 베네딕트며 고급 차 한잔까지 차분하고 고급스러운 시간을 선사한다. 그곳에서의 브런치는 태어나 처음 느낀 맛이었다. 비주얼과 분위기 모두 좋았다.

토링턴 카페는 어떤 푸드 메뉴보다 차에 조예가 깊은 곳이다. 선택이 어려울 정도로 많은 차가 메뉴판에 있으니 첫 방문이라면 점원에게 차에 대한 질문을 해보는 것도 좋다. 빈티지와 모던함이 공존하는 맛에 더해지는 카페 내의 분위기는 하나의 덤이다.

나 홀로 가볍게 즐기는 스테이크
스테이크 램프

540-0004 Osaka-fu, Osaka-shi, Chuo-ku, 2 Chome-15-3 Tamatsukuri
수요일~월요일 17:00~24:00(화요일 휴무)
주메뉴 : 스테이크

주택가의 비범한 스테이크 집 'Lamp'

램프는 오후 다섯 시 문을 열어서 저녁 식사만 가능하다. 예약된 테이블이 있을 수 있으니, 오픈 시간에 맞춰 가보는 것이 좋다. 여섯 시가 넘어서면서 손님들이 몰리기 시작한다. 스테이크 가게다운 재즈와 블루스 류의 음악이 흘러나온다. 오사카성에서 걸어서 5분 거리에 위치해 오사카성 방문 후 들려도 좋다.

1인 손님을 위한 바 테이블 정면에는 냉장된 고기를 눈으로 직접 확인할 수 있게 유리로 디스플레이해놓았다. 그리고 주문 시 점원이 고기를 한 번 더 확인시켜 준다. 부위와 그램 수 (100g, 150g, 200g), 익힘 정도, 커팅 여부를 선택해 말하면, 굽게 될 고기를 먼저 보여주고 확인 후 고르게 했다. 일본 흑소 A5 등급의 쇠고기를 준비한다고 한다. 여러 가지 소스 또한 압권이다. 고기에 한 번 더 색을 입히듯 각기 다른 고기 맛을 만들어 낸다. 와인과 함께 풍미를 더 하면 주문 시 그램 수를 더 욕심내지 못한 것이 아쉬울 정도다.

음식의 플레이팅은 고기와 감자튀김, 샐러드, 여러 가지 소스가 함께 나온다. 고기만 먹기 아쉽다면 가볍게 잔 와인 한잔도 주문한다. 차분한 분위기에서의 스테이크와 와인은 여행의 또 다른 재미다.

어디서 어떻게 먹어도 맛있는 스테이크 요리지만, 혼자 즐길 수 있는 분위기를 갖춘 스테이크집은 흔하지 않다. 스테이크 램프는 손님을 위한 배려가 갖춰진 곳이다. 바 테이블의 형식의 인테리어뿐만 아니라, 점원들의 서비스 태도에서도 느껴졌다. 고기의 맛은 어땠는지 원하는 스타일로 잘 구워졌는지 등을 두 번 정도 와서 물어봐 주었다.

스테이크 램프는 오사카성에서 걸어갈 수 있는 위치에 합리적인 가격의 스테이크를 맛볼 수 있는 곳이다. 혼자서 하는 식사치곤 꽤 값이 있으나 가격은 생각지 말고 즐길 것을 권한다.

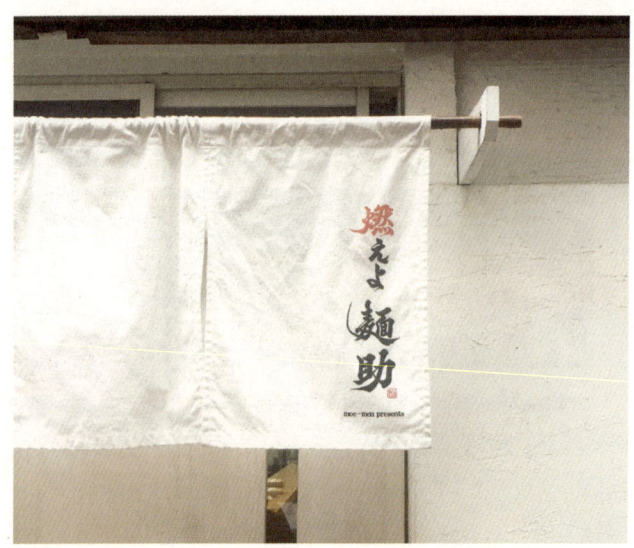

●

현지인들의 특별한 맛집
모에요 멘스케

553-0003 Osaka-fu, Osaka-shi, Fukushima-ku, Fukushima, 5 Chome-12-21
화요일~토요일 11:30~15:00, 18:00~21:00
일요일 11:30~16:00(월요일 휴무)
주메뉴 : 라멘

오리 육수로 라멘을 만드는 특별한 맛집.

오사카에서 가장 핫한 라멘 가게가 몰려있는 후쿠시마역. 그 중에도 후쿠시마역과 신 후쿠시마역 사이에는 최소 수십 개의 라멘집과 이자카야 등 식당들이 있다. 그만큼 현지인들이 찾는 식당가이므로, 맛으로 승부를 내는 식당들이 많다. 모에요 멘스케는 핫 한 라멘 가게 중에서도 가장 널리 입소문 난 가게다.

어느 시간대에 가더라도 최소 30분에서 길게는 한 시간 줄을 서는 것은 기본이다. 좁은 골목길에 있기 때문에 길을 방해하지 않는 선에서 점원 한 명이 나와 웨이팅 손님들을 관리하고 있었다. 전혀 멋 부리지 않은 간판과 외관이 진정한 맛집이라는 확신을 주었다.

오리를 사용하는 육수가 특징인 라멘은 한정으로 준비되어 모두 소진되면 줄을 섰다가도 먹지 못하고 돌아가는 경우가 생긴다. 밖에서는 좁은 유리 사이로 내부가 보이는데 라멘을 만드는 사람이나 먹는 사람의 모습이 사뭇 뜨거운 분위기처럼 연출이 되었다.

내부 인테리어도 담백하다. 서너 명의 요리사가 동시에 라멘을 만들고 있는데 손님들을 위해 쉬지 않고 요리하는 모습이다. 그런 모습 때문일까, 주문한 라멘을 받게 되는 순간 너무나 맛있는 음식을 대접받는 느낌이다. 기다림의 보람이 라멘 한 그릇이다. 진한 오리 육수가 일품인데 면 요리에 사용되는 육수라고 하기엔 너무나 고급스럽게 감칠맛을 돌게 한다.

라멘 고유의 맛을 잘 유지하는 것도 사람들의 입맛을 사로잡는 이유 중 하나겠지만, 조금씩 변화하는 트렌드 역시 오사카 현지인들의 입맛을 사로잡는 비법 중 하나다. 모에요 멘스케의 라멘은 깊은 맛과 트렌드를 함께 담아 현지인들의 취향을 사로잡는 맛이다. 긴 시간 줄을 서서 먹은 보람이 느껴지는 식당이다. 모에요 멘스케를 방문하는 여행자라면 포기하지 말고 꼭 깊고 진한 오리 육수 라멘 맛을 보기 바란다.

신세카이 최고의 스시
로쿠 스시

542-0081 Osaka-fu, Osaka-shi, Chuo-ku, Minamisenba, 1 Chome-2-2
매일 11:00~22:00
주메뉴 : 초밥

여행자와 현지인이 모두 사랑하는 스시집

신세카이에서도 가장 명당으로 꼽히는 츠텐카쿠 아래 위치한 로쿠 스시는 정오부터 점심 식사를 위해 모인 여행자와 현지인들로 자리가 꽉 찬다. 한국 여행자 사이에도 이름난 스시집이다. 타 유명 프렌차이즈와 달리 로쿠 스시는 이곳 본점과 신세카이 지역 내의 회전초밥 운영 지점 두 곳이 전부다. 여행자가 많아서 한국어도 지원되니 마음 편히 메뉴를 고를 수 있다.

유명 관광지에 있어서 좋은 점도 있지만, 밀려든 주문 탓에 음식이 조금 천천히 나올 수도 있다. 마음의 여유를 갖고 기다리는 것이 좋다.

참다랑어 다이토로 초밥은 입에 넣자마자 미소가 번지는 맛이다. 씹으면 씹을수록 새로운 맛이 살아나고, 목으로 넘기기 전까지 하나하나 그 맛을 음미하고 싶어진다. 경험상 질 좋은 참다랑어 초밥 한번 맛보려 주문했다가 폭풍 주문하는 자신의 모습을 볼지도 모른다.

초밥의 맛을 결정하는 70~80%는 재료의 질이 좌우한다. 로쿠스시의 재료와 신선도 수준은 상당히 높은 편이고, 가격도 합리적이기 때문에 가성비 좋게 초밥을 맛볼 수 있다.

일본에 가면 꼭 먹어보고 싶은 메뉴 중 하나가 장어 덮밥이다. 로쿠 스시에서는 장어 덮밥이 부담되지 않는 가격에 판매되고 있다. 밥 한톨까지 남김없이 먹을 정도로 정말 맛있는 장어 덮밥이다.

●

동화 속에 나올 듯한
카페 미모사

542-0081 Osaka-fu, Osaka-shi, Chuo-ku, Minamisenba, 1
Chome—2, 南船場１丁目２−２
월요일~금요일 10:00~18:00
주메뉴 : 카페

사랑스러운 인테리어 소품으로 가득한 카페

카페 미모사는 겉에서 보기에도 특별하지만, 안으로 들어가면 더 큰 매력이 느껴지는 공간이다. 유럽 대도시의 까떼드랄의 스테인드글라스와는 다른 느낌이지만 창을 통해 그와 비슷한 빛을 연출하도록 꾸며져 있다. 주문하기 전에 창마다 독특한 색감과 모양의 매력에 빠져들 것이다.

내부에 들어서서 사방의 창과 화려한 벽 그리고 조명에 잠시 시선을 빼앗겼다면, 자리를 잡자마자 독특한 테이블 형태에 놀라게 된다. 테이블의 표면은 화려한 타일을 이어 붙여 만든 것이다. 이 정도 튀는 디자인들이 혼합되면 정신없을 법도 한데 한 공간에 적절히 아름다움을 발산하고 있는 것이 신기하다.

매력적인 가게들의 특징은 아름다움을 지나치게 뽐내지 않는 데 있다. 카페 미모사의 매력도 그렇다. 어쩌면 과하다 싶은 시각적 아름다움들이 적절한 분위기와 조화를 이루어 낸다.
또 하나의 특징은 주인이 기르는 큰 개 한 마리가 있다. 순하디 순한 견종인 골든래트리버이기 때문에 카페 안에서 마주치더라도 호불호에 상관없이 카페를 오롯이 즐길 수 있다.

카페 찾는 것이 취미거나 카페를 좋아하는 사람이라면 이 독특한 카페에서의 시간이 너무나 행복할 것 같다. 누구도 평범하게 볼 수 없는 분위기를 모두 갖춘 카페다. 게다가 이 가게가 더 매력적인 것은 커피와 홍차 역시 맛이 좋다는 것이다.

Article #3 오사카 코나몬(코나모노)

오사카 지역의 밀가루 또는 쌀가루를 이용해 만든 음식들, 이런 종류의 음식을 코나몬 또는 코나모노라고 부른다. 대표적으로 타코야끼와 오코노미야끼 등이 흔히 접할 수 있는 오사카 지역 음식들이다. 다양한 재료에 밀가루를 입혀 튀겨먹는 쿠시카츠 역시 오사카의 코나몬 문화를 잘 보여주는 음식이다.

코나몬 류의 음식들은 식사로도 가능하지만 간단한 간식이 되기도 하고, 가격이 저렴해 부담없이 사 먹을 수 있다. 코나몬 요리는 거리 음식으로도 친숙하지만, 오사카 사람들은 집에서도 해 먹기 때문에 하나의 음식 문화로 발전하였다. 이 외에도 우동과 같은 면 요리도 밀가루를 사용하기 때문에 코나몬 문화의 하나로 본다.

오사카를 여행하기 위해 반드시 들리는 도톤보리에는 코나몬 문화를 맛볼 수 있는 다양한 가게가 있다. 여행자들이 밀집하는 지역에는 두 집 걸러 한 집이 타코야끼, 오코노미야끼 또는 쿠시카츠 집이 보일 정도이다. 이런 코나몬 요리는 바쁜 여행 일정으로 온 여행자의 길거리 음식이 될 수도 있고, 오사카를 천천히 둘러보며 맥주 한잔 즐기려는 여행자의 안줏거리가 될 수도 있다. 그리고 도톤보리에는 코나몬 박물관까지 있다. 코나몬 요리에 맛 이상의 관심을 갖는 여행자라면 타코야끼 같은 거리 음식으로 배를 채우고, 박물관으로 발길을 향해보는 것도 좋겠다.

오사카를 여행하며 다양하게 코나몬을 즐길 수 있는 가게를 소개한다.

1. 타코야끼 도라쿠 와나카 센니치마에 점
542-0075 Osaka-fu, Osaka-shi, Chuo-ku, Nanbasennichimae 11-9
고소하고 촉촉한 타코야끼로 유명하다. 주로 간장, 소금을 곁들여 먹거나 기본 맛을 추천한다. 자극적인 맛과 토핑을 즐기는 사람에게는 조금 심심할 수 있다. 도톤보리 중심에서 가까워 접근이 쉬우니 줄을 서더라도 한 번쯤 맛볼 만 하다.

2. 코가류 타코야끼 본점 甲賀流 アメリカ村本店
542-0086 Osaka-fu, Osaka-shi, Chuo-ku, Nishishinsaibashi Chome-18-4 2
현지 젊은이들 사이에 잘 알려진 타코야끼 가게다. 마요 소스와 다진 파를 토핑한 메뉴가 유명하다. 중심가에서 조금 떨어져 있지만 테이크아웃해서 공원에 앉아 간식으로 맛보기 좋다.

3. 아지노야 味乃家
542-0076 Osaka-fu, Osaka-shi, Chuo-ku, Nanba, 1 Chome 7 1 6 現代こいさんビル2F
오사카 최고의 철판 오코노미야끼 가게다. 미슐랭에도 소개되었던 집이다. 오코노미야끼 뿐만 아니라 야끼소바도 유명하니 두 가지 메뉴 중 하나를 선택해도 좋다. 워낙 중심 관광지의 유명한 맛집이기 때문에 웨이팅은 필수다. 그렇지만 만족스러운 한 끼 식사를 보장할 것이다.

Chapter 04

기타 오사카
오사카성 | 덴노지 02

오사카성과 덴노지 지역의 골목을 걷다 보면 사람이 드물고 한적한 골목을 만날 때가 있다. 그런 골목에서도 작은 카페나 맥줏집 등이 뜬금없이 나타나 한낮에도 시끌벅적한 사람들의 소리를 듣게 된다. 오사카 사람들의 일상을 엿보기 위해 들렀던 좁은 골목과 주택가에서 만나는 가게들은 맛을 떠나 혼자 여행하는 여행자에게 작은 위로가 되어 준다.

QR코드 리더기로 QR코드를 스캔하면 도서에 소개된 곳의 위치 정보를 확인할 수 있습니다.

사람 냄새 나는 동네 술집
부라리 정

557-0002 Osaka-fu, Osaka-shi, Nishinari-ku, Taishi, 1 Chome-2-22
월요일~금요일 17:00~24:00
주메뉴 : 포장마차

사람 사는 풍경을 함께 느낄 수 있는 곳, 늦은 밤손님들의 출출함과 쓸쓸함을 달래주는 곳.

부라리 정은 나이를 가늠할 수 없는 한 아주머니가 홀로 운영하는 심야식당 같은 곳이다. 내가 갔을 때는 앞서 온 손님을 위해 바쁘게 철판에 요리하고 있었다. 메뉴의 이름은 몰라도 냄새부터 침샘과 위를 자극했다. 특히나 한국 손님들을 좋아해서 자리에 앉자마자 통하지도 않는 말로 계속 대화를 이어갔다.

한국식 포장마차처럼 그날그날 음식으로 만들어질 재료들이 손질된 채 투명한 유리 냉장고 안에 진열되어 있다. 아기자기하게 진열된 모양이 정갈하다. 메뉴판은 손수 만들어진 스크랩북 형태의 파일이다. 그 속에 메뉴별 사진과 영어명이 적혀있었고, 어설프지만 한글로도 표시되어 있다.

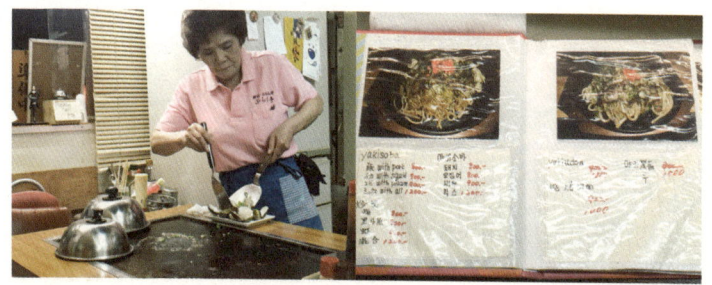

얼마나 오랜 시간 일을 해왔을까. 사장님은 대화를 이어가는 중에도 음식을 주문하자 철판에 불을 올리고 익숙한 듯 요리를 시작하였다.
이런 동네 식당의 매력은 음식도 맛있지만, 손님의 입맛과 요구에 따라, 혹은 사장님의 기분에 따라 새로운 메뉴를 만들어 주는 데 있다. 그러다 보면 메뉴가 하나둘 늘어나고 벽에 새 메뉴가 걸린다.

맥주 한잔에 삼겹살 베이컨과 계란말이의 조합으로 이뤄진 요리와 대합 버터구이 그리고 교자를 주문해 보았다. 일본식 메뉴답게 양이 많지는 않지만, 늦은 저녁 겸 맥주 안주로 먹음직스러운 음식들이었다.

주인아주머니와 동네 사람들의 소소한 대화에 적극적으로 끼어들 틈은 없었지만, 그들이 이야기를 나누는 시간에 함께 머물렀던 것만으로도 좋은 시간으로 기억되었다.

지극히 사람 냄새나고 현지인을 만날 수 있는 동네 술집을 한번 찾고 싶다면, 도부쓰엔마에역의 부라리 정을 찾길 바란다. 맛집 평가의 객관적 지표가 아닌 개성과 사람 사는 풍경 속에서의 한 끼 식사를 만끽할 수 있을 것이다.

●

매운맛이 그리울 땐
히루도라 혼텐

556-0005, Osaka-fu, Osaka-shi, Naniwa-ku, Nipponbashi, 5 Chome-10-14
매일 11:00~17:00
주메뉴 : 라멘

10단계 매운맛으로 고향의 맛을 느껴보자.

난바역에서 덕후들의 성지 덴덴타운을 지나는 골목길에 위치한 히루도라 혼텐은 빨간 간판이 눈에 띄는 곳이다. 매운 라멘집이 있다는 소문을 듣고 찾아간 히루도라 혼텐은 빨간 간판에서부터 매운맛의 강렬함이 와 닿는다.

매운맛을 1~10단계로 조절할 수 있으며, 5단계부터는 매우 자극적이기 때문에 매운맛에 대해 도전이라 할 수 있다. '히루도라'라는 명칭은 일본에서 주로 낮에 하는 자극적인 소재의 드라마를 뜻하는 것이다. 이름처럼 자극적인 매운맛으로 낮 시간대 덴덴타운 근처 식객들의 입맛을 사로잡고 있다.

1~4단계는 기본, 5~7단계는 93엔, 8~10단계는 186엔을 추가로 받는다. 기본에서 가장 위 레벨인 4단계를 주문하여 매운맛을 느껴보았다. 무료로 다진 마늘을 제공해 주어 마늘 향을 좋아하는 사람은 식사 중 다진 마늘을 함께 적절히 섞을 수 있다.

주문된 라면 위에 적잖게 고춧가루가 뿌려져 나온다. 미소 국물 그대로를 먼저 맛보면, 묵직하고 구수한 미소가 담백하다. 또 하나의 특징은 굵은 면발을 오래 씹게 되어 매운맛 뒤에 감춰진 미소 향도 진하게 느낄 수 있다. 두툼한 차슈와 차돌박이 느낌의 얇은 고기가 함께 나온다. 고기의 단맛에 촉촉하게 젖어 든 매운맛의 혼합도 일반적인 라멘에서 맛보지 못한 것이다.

단순히 자극적인 매운맛을 중시한 것이 아니라, 미소 라멘의 기본 맛이 베이스가 되어 있다. 매운맛을 특히나 좋아하는 여행자라면 히루도라의 매운맛 라멘을 경험해 보는 것도 나쁘지 않다.

신비하고 비밀스러운 초콜릿 아지트
Ek Chuah 에크추아

540-0012, Osaka-fu, Osaka-shi, Chuo-ku, Tanimachi, 6 Chome-17-43
목요일~화요일 11:00~22:00
주메뉴 : 초콜렛

복고풍 2층 주택의 세련된 초콜릿 디저트 카페.

오사카에는 오래된 건물을 개조하고 트렌디한 상품을 채워 넣는 가게들이 많다. 이곳 다나마치의 2층 주택을 처음 보았을 때도 초콜릿 가게가 있으리란 생각은 하지 못했다. '에크추아'는 오래된 건물 안에 있다. 캄캄한 빛이 도는 나무문을 열고 들어서면 설렘을 주는 초콜릿 진열장이 손님을 맞이한다. 맛을 보지 않아도 눈으로 진한 초콜릿의 달콤함과 쌉싸래함이 느껴진다.

'에크 추아'는 중미 마야 문명의 초콜릿 미신 중 하나다. 카카오가 굉장히 중요한 상품이자 경제적 수단이었던 데서 비롯된 지역의 민간 신앙이었다. 에크 추아를 이름으로 쓰는 이 브런치 카페에는 다양한 초콜릿 제품을 판매하고 있다. 지배인이자 유명 쇼콜라티에가 만든 제품들은 이곳 외에도 신사이바시 등의 시내 쇼핑몰 매장에서도 판매하고 있다. 구입하여 맛볼 만한 초콜릿이다.

1층은 초콜릿 상품을 전문으로 판매하고, 1층 일부와 2층 전체는 카페 장소로 활용한다. 메뉴판을 열면 모든 메뉴에 초콜릿이 묻어나 있다. 단 것을 싫어하는 사람도 한 번쯤 맛보지 않고는 자릴 떠날 수 없게 만든다.

기본 초콜릿 케이크와 초여름 더위를 날려줄 아이스 아메리카노를 주문했다. 비스듬히 케이크를 커팅하자 3단계로 나누어진 달고 단 초콜릿이 보였다. 초코케이크 사이사이 초콜릿 무스의 진함이 스푼에 묻으면 잘 떨어지지 않을 정도로 끈적함을 유지한다.

초콜릿의 달콤함 못지않게 카페의 분위기도 좋다. 나무로 된 2층 고주택의 내부는 목조 느낌을 살린 아늑한 별장 같다. 눈앞엔 커피와 초코케이크가 놓여있지만, 오래된 시집 한 권을 읽어야만 할 것 같은 철학적 기운이 풍긴다.

평소에 단것을 많이 먹지 않지만, 여행에서는 가끔 단 음식이 필요할 때가 있다. '당 떨어졌다'라는 말이 무슨 느낌인지 체감하며 단 음식으로 지친 몸을 끌어 올릴 때가 있다. 혼자 여행에서도 힘이 되겠지만, 누군가와 함께 오게 되더라도 즐거운 디저트 타임을 가질 수 있는 가게다.

야키니쿠 전문점
다이토라 야키니쿠

557-0004, Osaka-fu, Osaka-shi, Nishinari-ku, Haginochaya, 1 Chome-7-15
월요일~토요일 17:00~22:00
주메뉴 : 야키니쿠

혼자 고기를 구워 먹어도, 누군가와 함께하는 기분이 드는 식당

오사카 여러 곳을 다닐 때 한 번도 시도해 보지 않은 메뉴가 하나 있었다. 바로 야키니쿠다. 그래서 신이마미야 역의 1인용 야키니쿠 집 '다이토라'를 찾았다. 살짝 절인 양념 소고기를 1인용 개인 불판에 구워 흰쌀밥과 함께 먹는 음식점이다.

가게가 한참 먼 한카이선 철길 건널목에서부터, 이미 만석인 가게 안 손님들의 고기 굽는 소리와 냄새가 진동한다. 이미 만석일 때가 많으나, 시간을 들여 기다려서라도 고기 맛을 보는 것이 아깝지 않다. 문 앞에서 기다리는 동안에도 '치~익' 고기가 한 점, 두 점 익어가는 소리와 연기가 저녁 거리를 채운다.

치마살, 안심, 우설(소 혀) 등 부위 별로 조금씩 맛보며 한 시간 동안 조용히 두 접시를 먹었다. 맛이 좋았다. 안심의 익숙한 맛부터 우설의 특별한 맛에 이르기까지 다양한 고기를 조금씩 맛볼 수 있는 것이 장점이다.

맥주도 빠질 수 없다. 고기와 밥 한 공기, 술 한잔 그리고 사람들의 일상을 나누는 대화가 곁들여져 마치 잔칫집에 와 있는 느낌이 든다. 거기에 주인아저씨와 아주머니의 친절함은 가게 안의 왁자지껄함에 한 몫을 더한다.

협소한 공간이 불편하다 여길 수도 있지만, 관광객이 붐비는 느낌과는 다른 동네 고깃집만의 묘미를 느낄 수 있다. 혼밥이어도 괜찮은 고깃집다운 고깃집이다. 하루 예산 한도를 훌쩍 써버릴 수 있을 만큼 맛다 만하다.

●

나카자키초 카페거리의 아늑한 휴식 공간
살롱 데 아만토 카페

530-0015 Osaka-fu, Osaka-shi, Kita-ku, Nakazakinishi, 1 Chome-7-26
매일 12:00~22:00
주메뉴 : 카페

넝쿨나무 문을 열고 들어가면 빈티지한 안식처가 펼쳐진다.

담쟁이 넝쿨로 덮인 외관과 일본 전통가옥이 잘 조합된 빈티지한 카페다. 오래된 것의 매력을 살려내고 유지하였다. 스카이라인이 즐비한 우메다에서 멀지 않은 나카자키초 골목에 'Salon de AManTo 天人 살롱 데 아만토 천인' 카페가 있다.

영화 혹은 애니메이션 속 모험이 시작되는 장면과 같은 입구가 인상적이다. 한쪽 벽을 채운 책장과 낡은 기둥, 오래된 폐가인 듯하면서도 아늑함이 살아나는 곳이다. 동네 사람들의 모임을 위해 그리고 여행자의 휴식을 위한 도심 속 오아시스 같은 장소다. 사실 커피나 음료의 특별한 맛보다 공간에 머문 시간 동안 몸과 마음을 쉬게 한 것이 가장 기억에 남았다.

여행하는 하루 24시간 중 가장 중요한 것이 휴식 시간이다. 기본적으로 6~8시간 잠을 자는 것 외에도 여행하는 중간중간 휴식이 필요하다. 살롱 데 아만토 천인 카페에서는 여행하는 휴식을 느꼈다. 휴식의 공간마저 여행의 일부가 된다면 더없이 좋은 시간이 될 것이다.

AManTO 아만토의 의미는 만국 공용어로 알려진 에스페란토 어의 '사랑하는 사람'이라는 뜻이다. 여행에서도 쉼이 필요하듯 잠깐의 휴식을 위해 찾은 이곳에서, 사랑하는 사람을 떠올리며 휴식을 즐기고 머물 수 있길 바란다.

●

타고난 취향과 철학을 담은 공동체
아만토 카페&바 슈카

530-0015, Osaka-fu, Osaka-shi, Kita-ku, Nakazakinishi, 1 Chome-1-18
매일 10:00~24:00
주메뉴 : 이벤트

카페, 전시, 이벤트, 바, 강습까지 그들이 하고 싶은 모든 것을 담았다.

아만토 카페&바 슈카는 살롱 데 아만토 카페를 모체로 한 이벤트형 카페다. 본점 카페와 달리 더 넓은 공간을 활용하여 다양한 프로그램과 이벤트를 열고 있다. 본점인 아만토 천인을 기반으로 다양한 프로그램을 하고 있다.

자칫 콘셉트가 불분명해 보일 수도 있겠지만, 음악, 문화 등의 공연 및 강습, 히브리어, 수화, 영어 등 언어 교류 수업, 서예, 밸리댄스 등 다양하고 많은 활동이 열리고 있다. 그리고 카페 내에 영화 상영실과 전시관 등도 운영하며 영화와 예술에 대한 프로젝트도 진행 중이었다. 하나의 취향이 아닌 사회에 다양한 관심과 이슈를 함께 풀어가고 있다. 이러한 일들은 카페를 모체로 하여 Jun이라는 대표자와 일일 매니저 그리고 약 30여 명 정도의 운영진이 2001년부터 공동체로 만들어가고 있다.

카페, 전시, 이벤트, 바, 강습까지 그들이 하고 싶은 모든 것을 담았다. 타고난 취향과 철학을 담아 세상의 관심 있는 모든 것을 행동하는 장소다. 혹시나 그들의 프로젝트 활동에 대해 더 궁금함이 생긴다면 홈페이지를 방문해 보자. http://amanto.jp

작은 라이브 바를 연상케 하는 실내는 음료를 한잔 하며 앉아 쉬기 좋은 장소다. 이벤트가 없을 때는 휴식을 취하기 좋을 뿐 아니라 많은 것이 상상되는 공간이다. 오사카 같지 않은 나카자키 골목에서 기분 좋은 영감을 주는 카페다.

와인 가게와 카페의 만남
타카무라 와인&커피 로스터스

550-0002, Osaka-fu, Osaka-shi, Nishi-ku, Edobori, 2 Chome-2-18
매일 11:00~19:30
주메뉴 : 와인, 커피

와인 마니아의 성지가 된 공간

와인을 마시는 바나 카페보다는 공장과 같은 첫인상을 갖게 한다. 넓고 잘 정돈된 1층의 창고형 와인 가게는 와인을 구경하고 살 수 있다. 전 세계 와인이 지역별로 정리되어 있고, 입구 한쪽 편에는 와인 디스펜서 'enomatic' 기계를 이용해 매니저가 시기에 따라 셀렉한 와인을 유료로 시음할 수도 있다.

2층 넓은 장소의 바가 압권인데, 테라스형 공간에는 느긋하게 시음 또는 커피 한 잔의 여유를 가질 수 있다. 높은 천장 구조 탓인지 100평이 되어 보이는 공간에 효율적으로 배치한 테이블, 소파, 다양한 의자들로 위치를 구성해 놓았다.

와인 디스펜서로 시음한 사람이나 1층에서 와인을 산 손님들이 바로 자릴 잡고 마실 수 있는 공간도 마련되어 있다. 손님들이 원하는 와인의 취향뿐만 아니라, 구매해서 가져갈 것인지 아니면 이곳에서 와인을 마시며 시간을 보낼 것인지 선택하여 즐길 수 있다.

나는 로제 와인 한잔과 화이트 와인 한 잔씩을 시음한 후 콜드 브루 샷 한잔을 가지고 2층에서 시간을 보냈다.

'enomatic'카드는 회원 등록비 500엔을 내고, 충전금액 1,000엔 이상을 넣어 디스펜서에서 원하는 와인을 맛볼 때 사용할 수 있다. 디스펜서에 와인이나 용량별 금액이 천차만별이므로 잘 확인 후 맛보도록 한다. 와인을 맛볼 생각으로 방문한 것이 아니더라도 250엔의 저렴한 콜드 브루가 있으니 여행 중 책 한 권 들고 편하게 여유를 즐겨도 좋다.

1층의 개방적 창고형 와인 가게와 2층의 느긋한 카페의 상반된 매력이 조화롭다.

●

퇴근 길, 술 한 잔이 당길 때
나리타야

557-0001 Osaka-fu, Osaka-shi, Nishinari-ku, Sanno, 1 Chome-16-2-2
매일 16:00~23:30
주메뉴 : 어묵 전문점

괜히 들리고 싶은 길거리 맥주집이 생각날 때.

나리타야는 오픈된 야외 느낌의 포장마차다. 다 허물어져 가는 건물의 1층에 있는 가게지만 벽이나 유리로 외부와 분리가 되어있지 않다. 신세카이 굴다리를 지나 이어지는 횡단 보도에 서서 신호등을 기다리면 바로 앞에 나리타야 어묵집이 불을 밝힌 모습이 눈에 들어온다. 신호등의 푸른 불, 빨간 불이 가게의 홍등과 이상하게도 잘 어울린다. 테이크 아웃 하거나 가게 앞에 서서 맛볼 수 있는 갖가지 어묵들이 있다. 어묵 하나에 100엔, 4개를 사면 하나는 공짜이다.

서울의 동묘 거리에서 판매할 법한 오래된 식탁과 의자, 거울, 시계 등으로 꾸며진 내부는 인테리어를 했다기보다 주인아저씨가 마음에 드는 물건을 하나둘씩 쌓아 놓은 모양새다.
맥주는 셀프다. 냉장고 문을 열어 맛보고 싶은 캔맥주를 선택한 후 아저씨에게 가져가 계산한다. 그리고 어묵을 골라 자릴 잡으면 된다.

한 무리의 아저씨들이 방문해서는 시끄럽게 소릴 내어 건배를 외치더니 맥주 한 캔씩 하고 금세 일어난다. 동네 사람으로 보이는 행인도 어묵 한두 개에 맥주 한 캔 마시고 자릴 일어난다. 눈앞의 풍경이 흥미로운 술집이다. 길 건너엔 불빛 번쩍이는 5층짜리 파친코가 있고, 그 뒤론 굴다리 위에 철길이 보이는 데 시시때때로 전철이 지나갔다. 이따금 횡단 보도에 초록 불이 들어오면 불특정 다수의 사람이 한 번에 길을 건넌다. 다양한 사람들의 저녁 시간이 보인다.

전봇대 앞에 서서 담배 피우는 술 취한 아저씨와 눈이 마주치면 무슨 잔소리를 할까 싶어 다시 고개를 떨궈 테이블 위 맥주 캔을 바라보지만, 맥주 한 모금 넘기려 고개를 뒤로 젖히고 나면 다시 한번 술집 밖 풍경을 한참이고 바라보게 된다. 그사이 계속해서 나리타야는 행인들의 짧은 식사와 목축임의 공간이 되어주고 있었다.

좁은 골목의 감성 식당
그릴 본

556-0002 Osaka-fu, Osaka-shi, Naniwa-ku, Ebisuhigashi, 1 Chome-17-17
매일 12:00~14:00 | 17:00~20:00
주메뉴 : 카츠산도

점심과 저녁, 아주 짧은 시간에만 맛볼 수 있는 보물 같은 서양식 음식점.

좁은 골목과 여닫이문, 내부의 벽과 천장, 바닥 타일 등 어느 것 하나 예사로운 것이 없다. 억지로 꾸미고 만들어진 느낌은 없는 소박한 감성 공간이다. 사람 두 명 정도가 간신히 지나갈 좁은 길에 식당을 알고 찾은 몇 사람만이 줄을 선다.

주메뉴인 카츠와 카츠산도를 판매하며, 대부분의 손님은 두 메뉴를 맛보기 위해 이곳을 방문한다. 영업 시작 전부터 줄을 서는 데 좌석이 많지 않으므로 미리 가서 기다려야 한다.

홀서빙은 상냥한 여자가 하고 주방에선 그의 남편과 아버지로 보이는 남자가 함께 있었다. 아버지는 2대째 이어온 맛을 이제 딸과 사위에게 전수하는 중이라고 한다.

다양한 연령대의 손님들은 카츠 산도뿐만 아니라 여러 메뉴를 즐기고 있었다. 카츠산도는 노르스름하게 구워진 얇은 빵 사이에 두꺼운 돈카츠 고기가 들어있다. 빵과 고기에 입혀진 튀김옷에 스며든 촉촉한 소스의 짭조름함이 감칠맛을 더한다. 비프 스테이크 카츠는 완전히 익히지 않은 스테이크에 돈카츠 옷을 입혀 구워낸 메뉴다. 짙은 맛과 향의 카츠 소스가 뿌려져 나온다. 모든 메뉴가 평소에 맛본 적 없는 스타일의 고기 요리들이다.

주문이 한 번에 들어가 식사는 늦게 나오고 있어도 주방에서 들리는 분주한 소리 때문에 기다리는 시간이 지루하기보다는 잘 갖춰진 요리가 나올 것 같은 기대감이 차오른다.

음식을 통해 장인정신이란 것을 느꼈다. 맛있는 음식을 맛보고 가는 것이 아니라, 아주 오랫동안 이어져 온 전통과 문화를 알고 가는 것 같았다. 자기가 하고 싶은 일이 무언지 많이들 잊고 또 잃어가는 시대에 가업을 이어받고 자신의 것으로 발전시키는 모습이 대단하게 느껴졌다.

Article #4 가깝지만 먼 나라 '일본'

일본은 항상 '가깝지만 먼 나라'라고 표현된다. 그만큼 우리가 생각하는 일본은 이웃 국가이면서도 거리감 느껴지는 나라가 분명하다. 오사카의 식당과 카페, 술집 등 곳곳을 돌아다니며 내가 생각하던 일본의 모습과 또 다른 모습을 많이 볼 수 있었다. 오랜 시간 머무는 오사카 여행이 아니었다면 알 수 없었을, 이전에 생각지 않았던 오사카의 몇 가지 모습들을 적어 본다.

〈이종 異種 문화 결합〉

책에서 이종 결합한 몇몇 가게를 소개하였다. 끊임없는 이종 문화의 동거와 기존 트랜드의 파괴는 오사카인들의 새로운 라이프 스타일을 반영하고 있다. 오사카 사람들은 한 장소에 머물며 두 가지 이상의 취향에 맞는 콘텐츠를 즐기길 원하고 있다. 다양한 관심과 취향이 새로운 문화를 창조하고 있고, 거기서 생겨나는 여러 가지 소비의 패턴이 다시 사람들에게 영향을 주고 있다. 오사카에서는 이제 서점이 커피 문화를 선도할 수도 있고, 미용실 대기 손님을 위한 공간에 유명 갤러리가 운영되기도 하며, 패션에 민감한 옷 가게가 새로 나온 음반을 가장 잘 소개하는 장소로 탄생할 수도 있다.

〈스몸비〉

여행 중심 지역뿐만 아니라 주거지역에서도 스마트 폰에 시선을 고정한 채 길을 걷는 사람들을 많이 볼 수 있었다. 딱 보아도 평상복 차림의 현지인이었다. 오사카 사람도 한국인만큼이나 많은 시간을 길 위에서 스마트 폰을 사용하고 있었다. 한번은 비가 쏟아지는 날, 자전거를 타면서 왼손으로 우산을 들고 오른손으로 스마트 폰을 하며 가는 청년을 보았다. 손잡이에는 오른쪽 팔목을 대고 간신히 방향을 잡으며 가고 있었다. 거의 묘기 수준의 스몹비였다.

〈조용한 저녁 시간〉

우리나라만큼이나 일을 많이 할 거라고 생각했는데 여행 중 실제 체감한 모습은 조금 달랐다. 오후 5시~6시쯤이면 우메다 지역의 직장인 거리에 퇴근하는 사람들로 북적대는 풍경을 볼 수 있었고, 퇴근 후 식당가에서 회식하고도 일찍 헤어지는 모습을 볼 수 있었다. 하루에 정해진 시간 동안만 점심과 저녁을 파는 식당이 있었고 카페 또는 서점 등의 가게는 이른 시간에 문 닫는 가게가 많았다. 한국을 기준으로는 퇴근 후 사람들이 방문할 수 있어야 하는 데 저녁 6시면 문을 닫는 가게가 있었다. 하지만 오사카에 긴 시간 머물면서 나 또한 저녁 시간을 대부분 집에서 보내거나 일찍 마무리하는 모습이 익숙해지기 시작했다. 조용한 주택가의 호스텔에 묵는 며칠 동안은 그들이 보내는 일상의 시간이 오히려 사람이 살아가는데 더 잘 맞지 않을까 하는 생각이 들었다.

〈친절한 사람들〉

일본을 여행한 사람이라면 누구나 현지인의 친절함을 느껴 봤을 것이다. 어떤 상황에는 친절과 배려가 지나치게 느껴질 때도 있었다. 그래서 간혹 친절함이 자신의 본심을 숨긴 모습이라고 하기도 한다. 나는 오사카 방문 기간 생일을 맞아 미나토마치 선착장 근처의 조그만 2층 바에서 혼술을 한 적이 있었다. 바 주인과 이야기를 나누다 결국 옆자리에 온 두 직장인과 동석을 하였다. 내 생일을 안 사람들은 가라오케 반주 기계를 틀어놓고 노래를 불러주었다. 그리고 헤어지는 시간에 직장인 중 한 명은 술값까지 계산해주고 자릴 떠났다. 생일이라는 특수한 날이긴 하였어도, 그들의 친절함이 진짜 오사카 사람들의 모습이라 여기고 싶다.

Chapter 05

교토

오랜 시간 역사를 지키며 만들어온 도시의 생명력이 끊임없이 여행자의 발길을 불러 모은다. 교토는 도시 자체가 거대한 관광지이자 볼거리로 가득한 공간이면서, 현지인들의 생활 공간이다. 17개의 장소가 세계 문화유산으로 등록되어 있을 정도로 관광지 중의 관광지다. 하지만 기요미즈데라, 니조 성 등의 몇몇 장소를 방문할 때는 의외로 주변의 환경과 분위기에서 어떠한 멋을 기대하기가 어려웠다. 그 때문인지 인위적으로 만들어진 교토의 관광지 속 식당들은 여행자의 입맛을 실망하게 하기 마련이다. 주로 찾는 관광지의 여정에서 벗어나 여행지 교토가 아닌 생활 공간의 교토에서 찾은 가게를 만나보자.

QR코드 리더기로 QR코드를 스캔하면 도서에 소개된 곳의 위치 정보를 확인할 수 있습니다.

시골마을 작은 펍
하루 86

630-0257 Nara Prefecture, Ikoma, 1丁目9-17 ホリディビル 1F
화요일~일요일 17:30~23:30
주메뉴 : 쿠시카츠

즉석 공연과 현지 주민과의 만남이 기대되는 공간

'하루 86'은 이코마산에서 역으로 내려오는 길에 만날 수 있다. 식당이라기보다는 작은 펍에 가까운 가게지만 마땅한 식당이 이곳밖에 눈에 들어오지 않는다. 메뉴를 살펴보면 꼬치를 튀긴 오사카 전통 음식 중 하나인 쿠시카츠를 전문으로 하는 서양식 펍이다. 웨스턴 바 분위기를 살린 인테리어답게 주인아저씨의 쿠시카츠 솜씨는 맥주 한 잔과 어울린다.

긴 꽁지머리를 기른 사장님은 록 음악에 심취해 있었고, 아르바이트 학생은 우연히도 K-pop에 관심이 많은 학생이었다. 한국어를 조금 할 줄 아는 아르바이트 학생 덕에 한국 음악 이야기를 주고받을 수 있었다.

'하루 86'은 단골손님들이 주로 찾는 가게다. 맥주 한잔을 하는 중에도 이코마 동네 주민 여럿을 만날 수 있었다. 사장님과 편하게 인사하고는 바 테이블에 앉았다. K-pop 이야기를 나누고 난 덕에 그들의 이야기 속에 끼어들 수 있었다. 모든 이야기를 알아들을 수는 없었지만, 현지인과 함께 여행자로서 누릴 수 있는 분위기를 함께 하였다.

여행에서 친구를 사귀는 방법은 다양하지만, 말이 통하지 않아도 낯선 여행자에게 관심을 가져주는 시골 마을의 식당을 들러보는 것도 하나의 방법이다. 관심 덕분에 단어 하나하나에 집중해주고 반응하는 그들의 모습이 감사하게 느껴졌다.

'하루 86'에서 먹은 쿠시카츠는 실제로 느꼈던 맛보다 더 좋은 기억으로 남았다. 그래서 더 분명한 맛집이었다는 생각이 든다. 잘 알려진 '맛집'은 아니더라도 특별하게 기억되는 이유는 인터넷에 올라온 무수히 많은 리뷰보다 직접 겪은 특별한 경험이 음식의 맛을 결정해주기 때문 아닐까.

비밀스런 아지트
인디펜던트 카페

605-0801 Kyoto, Higashiyama-ku, Miyagawasuji, 5 Chome, 327-6
매일 11:30~24:00
주메뉴 : 카페

교토 산조거리 한 모퉁이, 나만의 비밀스런 아지트 공간

교토 산조 거리 한 모퉁이의 모던한 건물 지하에 '인디펜던트 카페'가 있다. 밖에선 안을 제대로 알 수가 없어, 비밀스러운 느낌이 드는 공간이다. 오래된 동굴 또는 벙커 안으로 숨어드는 느낌의 입구가 있다. 계단 곳곳에 놓인 공연 리플렛과 바닥의 타일도 느낌이 좋다. 어도운 조명과 나무문 유리 사이로 비추는 카페 안의 풍경은 내부의 분위기를 기대하게 만든다. 생각보다 넓은 공간과 한쪽 벽을 가득 채운 긴 테이블이 있다.

인디펜던트 카페에는 점심 메뉴가 다섯 가지 정도 있어 취향에 따라 선택하기 편하다. 산조 거리에 있음에도 여행자가 잘 모르는 가게다. 메뉴는 식사뿐 아니라 디저트, 한적한 시간을 즐길 음료와 커피 등도 판매하고 있다. 전체적으로는 음식이나 음료의 맛보다는 분위기 그리고 모던한 건축물의 지하 공간이 주는 묘한 설렘이 좋다.

의외의 맛 치즈 레몬 타르트가 있다. 그리고 생맥주 등이 인근 바보다 저렴하다. 저녁엔 술 한잔 기울일 겸으로 이용해도 좋다. 음악 공연이 열리는 날도 있으니 여행 중 근처를 들린다면 공연 일정도 한번 확인해 보길 바란다.

내부가 넓어 주변의 눈치를 신경 쓰지 않고도 조용히 그리고 천천히 식사하며 카페 안의 풍경을 즐길 수 있다. 본래 이곳은 마이니치 신문의 교토 지국이 있던 곳이다. 건물 구석구석을 눈여겨보면 오래된 건물이 들려주는 흥미로운 이야기가 상상된다. 교토의 뜨거운 낮을 피해 지하에 숨어들어 혼자만의 멋진 시간을 가져보자.

조용한 시골 마을의 푸근함
라멘 뽀빠이

605-0078 Kyoto-fu, Kyoto-shi, Higashiyama-ku, Tominagacho,
縄手 108-3
금요일~화요일 11:30~13:30 | 17:00~23:00
주메뉴 : 라멘

낯선 외국인에게도 친절을 베푸는 부부와 든든한 라멘 한 그릇.

에도 시대 분위기의 거리도, 교토 특유의 모던함도 아닌 카모가와(카모 강) 동편에 평범한 교토 사람들이 거주하는 시골 마을에 작은 식당 하나가 있다.

교토의 느낌과 전혀 맞지 않는 이름과 외관의 '라멘 뽀빠이'. 매직으로 한 자 한 자 써넣은 한쪽 벽에 가득한 메뉴에서도 부부가 어떤 마음으로 가게를 운영하는지 간접적으로 느껴진다. 음식 맛을 보기 전부터 이곳을 잘 찾아왔다는 느낌이 드는 곳이다.

라멘은 양이 많은 걸 넘어 넘친다고 표현할 정도다. 먼저 수저로 국물을 한 모금 맛보려다 그릇째 들고 맛을 보았다. 깊고 진한 육수가 목을 넘어왔다. 조금 짭짤하고 강한 맛이 났지만, 첫 입맛부터 '진짜 맛있는 라멘이구나!'하는 생각이 든다. 파 고명, 양배추, 죽순 그리고 숙주나물이 듬뿍 들어가 있었고 개수를 헤아리지 않고 넣은듯한 큼직큼직한 덩어리들의 차슈까지, 어떤 라멘집보다 푸짐한 라멘 한 그릇이다.

라멘 뽀빠이는 한자리에서 30년 동안 부부가 운영하는 곳이다. 라멘집 이름을 왜 '뽀빠이'라고 지었냐는 물음에, 자기들 세대에서의 '뽀빠이'는 힘이 세고, 힘이 나는 캐릭터의 대명사였다고 했다. 자신들의 라멘을 먹고 손님들 또한 뽀빠이처럼 힘을 냈으면 좋겠다는 답이 돌아왔다. 대답 자체가 정겹게 이해되었다.

금연표시 옆에 보란 듯이 파이프 담배를 물고 찡긋하는 뽀빠이의 아이러니함도 웃겼지만, 뽀빠이와 올리브를 빼다 박은 주인 부부의 모습도 입가에 웃음 짓고 떠날 수 있는 가게다.

●

감각적인 메뉴의 정식
쿠라가리마사

605-0846 Kyoto-fu, Kyoto-shi, Higashiyama-ku, Yugyomaecho,
五条橋大谷前北入遊行前町559-9
월요일~토요일 11:30~14:00 | 17:30~22:30
주메뉴 : 철판구이

평범한 정식 한 끼가 여행 중에는 특별한 음식이 되곤 한다.

쿠라가리마는 계절 또는 시기별로 다양한 메뉴가 제공된다. 내가 방문한 때에는 사시미 정식, 돼지고기볶음 정식 등이 있었는데, 각 메뉴가 감각적인 구성으로 준비되어 나온다. 자칫 부담 가질 수 있는 메뉴의 음식을 합리적인 가격으로 맛볼 수 있다.

2층으로 이뤄진 식당은 점심보다는 저녁에 손님이 붐비는 곳이다. 교토 중심에서 기온거리 방향으로 걸어가다 보면 만나는 수많은 골목에 있다. 근처 유명한 식당들이 많이 있어서 이곳만의 특별한 점을 찾기란 쉽지 않다. 그렇지만 점심 메뉴는 여행자에게 꽤 매력적으로 다가온다.

실내 공간 역시 고급 식당의 분위기다. 1층엔 한쪽엔 좌식 테이블이 있으며, 한쪽엔 바 형식의 좌식 의자 배치가 있다. 그 밖에도 의자와 테이블의 문양에서 교토다운 정서를 담으려는 인테리어가 엿보인다. 식당 내의 여러 공간을 구경하는 것도 좋을 것 같다.

돼지고기볶음 정식은 적절히 양념하여 볶은 고기와 채소, 밥의 궁합이 수준 이상의 맛을 보여준다. 살짝 모험적인 선택이 될 수도 있는 사시미 정식은 참치와 도미류의 회가 섞어 나온다. 와사비를 살짝 올려 간장에 찍어 맛보는 회도 기대 이상의 맛이었다.

●

세련된 녹차 와플 가게
쿄 카페 차차

600-8035 Kyoto-fu, Kyoto-shi, Shimogyo-ku, Kyogokucho,
Teramachi Dori, 高辻下ル京極町515-4
매일 10:00~17:30
주메뉴 : 카페

녹차의 맛으로 발길을 사로잡는다.

쿄 카페 차차의 녹차 와플과 젤라토는 달콤함만으로 무장한 디저트가 아니다. 와플은 언제나 맛이 있지만, 가끔 편리하게 먹기 거추장스러운 면이 없지 않다. 이곳의 와플은 하드바 모양으로 만들어 제공해 그런 부담을 줄였다. 그래서 이름도 '와플 바'라고 부르고 있다.

길에서 쉽게 사 먹는 디저트류의 가게지만 2층에는 작게나마 앉아서 맛볼 수 있는 공간이 있다. 방문한 사람을 보면 기요미즈데라를 찾은 여행자들만 있을 줄 알았는데 지나가는 학생들도 많았다. 다른 지역에서 수학여행을 온 학생들일 수도 있겠다.

기요미즈데라에서 교토 시내로 내려오는 길을 걸으면 가장 아래 큰길에서 쉽게 찾을 수 있다. 버스를 타고 왕래하는 여행자라면 이곳을 그냥 지나칠지도 모르겠다. 교토 시내의 '쿄 카페'는 다른 가게이니 주소를 잘 찾아야 한다.

달콤한 디저트가 생각날 때 마침 쿄 카페 차차의 녹차 와플을 맛보았다. 기요미즈데라를 여행하며 조금 지쳤다면, 시원한 녹차 젤라토와 와플 맛을 보면서 힘을 얻을 것이다. 쿄 카페에서는 와플과 젤라토 외에도 커피, 티 등 드링크와 소바, 카르보나라 스파게티 등 간소화한 음식도 판매하고 있다.

●

교토에서 전통 인도식 카레를
아잔타

600-8035 Kyoto-fu, Kyoto-shi, Shimogyo-ku, Kyogokucho
매일 11:00~15:00 | 17:00~22:00
주메뉴 : 인도 음식

갈릭 난과 카레의 조합은 잊지 못할 저녁 식탁을 만들어 줄 것이다.

교토의 인도 식당 아잔타에서 새로운 여행지가 떠오르는 순간을 맞이했다. 맛 좋은 인도 음식을 맛보고, 인도가 떠오르는 인테리어도 인상적이다. 인도 발리우드 특유의 영상미를 내뿜는 뮤직비디오가 한쪽에 자리한 TV를 통해 끊임없이 나왔다.

아잔타를 오게 된 이유는 여행하다 만난 터키인 친구 때문이었다. 무슬림이었던 그는 라마단 기간이라 아침, 점심을 먹지 않을뿐더러 해가 지기 전까지 물 한 모금 먹지 않는 금식 중이었다. 저녁 메뉴 또한 할랄식이 아니면 고기조차 먹지 않는다는 것을 알게 되었고, 그때 숙소 가까이에 있던 아잔타가 눈에 들어왔다.

어느 나라의 인도 음식점이든 갈릭 난과 치킨 커리라면 믿고 먹을 수 있는 조합이다. 서빙된 음식에서는 코끝에 먼저 닿는 강렬한 커리의 향이 이곳을 찾은 이유를 만족시켜 주었다. 진하고 독특한 커리에 난을 살짝 찍어 맛보고, 커리 안의 닭고기와도 곁들여 맛을 보았다. 커리가 휘감아 버린 갈릭 난의 은은함과 마늘 향의 조합은 오래도록 인상에 남는다.

다양한 인도 전통 문양과 문화를 느낄 수 있는 내부 디자인 그리고 간판에 붙어있는 인도 국기에서 주인아저씨의 마음과 맛의 자부심을 짐작할 수 있었다.

●

든든한 점심 한끼
시키노 이지 오쿠무라

604-0951 Kyoto-fu, Kyoto-shi, Nakagyo-ku, Seimeicho, Nijo
Dori, 柳馬場東入ル晴明町650
매일 11:00~20:00
주메뉴 : 이자카야

시골 외갓집 할머니가 차려준 느낌의 정겨운 식당

처음에는 뚜렷한 정체성이 없어 보이는 가게 내부 모습에 당황했지만, 900엔짜리 규동이 나를 사로잡았다. 규동 한 그릇을 주문했는데 식당에 대한 첫인상을 모두 바꿔주는 맛이었다.

내공 있어 보이는 주인 할머니는 금세 규동을 만들어 내왔다. 유부가 들어간 미소국과 이상한 맛의 감자 절임이 밑반찬으로 함께 나왔다. 규동 위에 날달걀 하나를 터뜨려 휘휘 밥과 섞어 맛보았다.

시골 외갓집에서 할머니가 차려준 음식을 맛보는 기분이 들었다. 밥과 함께 비벼진 양념 쇠고기 그리고 살짝살짝 씹히는 맛과 향이 좋은 붉은색 생강이 곁들여졌다. 화학조미료 대신 쓰였을 주인 할머니의 손맛이 담긴 음식이었다.

지구본, 코카콜라 병, 하회탈 등 엉뚱하게 진열된 느낌의 여러 가지 장식품들이 눈에 들어왔다. 손님을 끌어모을 요량으로 장식된 인테리어가 아니라 세월이 지나며 채워나간 식당 내부의 자연스러운 풍경이었다. 교토의 작은 밥집에서의 규동 한 그릇은 여행자에게 따뜻한 인사를 건네준다.

시간을 잊게 만드는
카페 비블리오틱 헬로

604-0951 Kyoto-fu, Kyoto-shi, Nakagyo-ku, Seimeicho, 二条柳
馬場東入ル晴明町650
매일 11:30~24:00
주메뉴 : 카페

'책, 나무, 커피'가 갖고 있는 아늑함에 흠뻑 빠져보자.

카페 비블리오틱 헬로는 세련된 카페와 베이커리를 갖추고 있으며, 야자나무 해변 오두막에서 휴식을 취하는 느낌의 공간이다. 비블리오틱 헬로는 여행자들 사이에 꽤 유명하나 곳이다. 나 또한 노트북을 펼쳐놓고 두 시간 이상을 머물렀다. 외관은 발리의 어느 섬에 온 듯한 야자수와 자전거 세워진 풍경이 있고, 내부에는 교토의 아늑한 목조 주택 느낌이 나는 하이브리드 분위기 카페였다.

자릴 잡고 앉으면 창밖 야자수 탓인지 물결 일렁이는 듯한 자연채광이 은은하게 내리 비춘다. 그리고 나무 테이블 위 잔잔하고 뽀얀 조명의 구성으로 한가로운 휴양지와 아늑한 서재 중간 정도의 느낌을 준다. 벽에 가득한 책들은 인테리어, 사진 등 잡지류 위주이기 때문에 일본어 까막눈도 한두 권쯤 꺼내 보며 시간 보내기 좋은 장소이다.

카페의 메뉴는 커피와 티 종류를 중심으로 마련되어 있지만, 샌드위치와 빵 등의 식사가 될만한 것들도 함께 판매하고 있다. 또한 카페 옆쪽에 빵 가게를 함께하고 있기 때문에 다양한 조합으로 빵과 음료를 맛보는 것도 가능하다. 인기가 많은 가게이기 때문에 사람이 적은 시간에 방문하여 음료 한잔과 책 한 권의 여유를 가져 보는 것이 좋다.

카페 비블리오틱 헬로는 교토를 여행한다면 맛보단 분위기를 믿고 꼭 들러야 할 곳이다. 개인의 즐겨찾기 리스트에 올려놓는다면 교토를 방문할 때마다 이곳을 기대하며 여행하게 될지도 모르겠다.

Article #5. 더는 신세계가 아닌 '신세카이 新世界'

오사카 난바 조금 아래에 위치한 덴덴타운을 지나 남쪽으로 내려 가다 보면, 저 멀리 파란색의 츠텐카쿠 철탑이 눈에 들어온다. 1912년 만들어져 한 세기라는 시간이 흘러버린 '신세카이' 지역은 우리말로 하면 '신세계'다. 한때는 이곳에 오사카로 들어오는 신문물과 새로운 유행이 범람하였다. 그리고 환락과 유흥의 시절을 거쳐 지금의 신세카이가 되었다. 하지만, 화려한 과거의 순간은 시간과 함께 흘러가 버렸고, 이제는 흐릿해진 새로움이 침전되어 오래된 평범함이 남겨진 듯한 장소이다.

신세카이는 수많은 영화와 만화의 배경이 되었다. 그래서인지 그곳을 돌아다니면 묘하게 촬영장 세트를 걷는 느낌을 받을 때가 있다. 그것은 건물과 풍경들 때문만은 아니다. 이곳에 머무는 대부분의 현지인도 조금은 오래된 역할극을 하는 느낌이다. 누군가는 20세기 초의 모던함을 풍기는 카페에서 커피를 마시며 신문을 본다던가, 어떤 상인은 좁은 골목의 가게와 가게 사이에 짐을 옮기며 리어카를 밀며 지나간다. 새로운 것을 찾아 모여들던 오래전 젊은이들과 아이들이 그 옛날 풍경이 그리워 떠나지 못하는 모습이 상상된다.

골목 가득 빽빽하게 줄지어 달린 간판 네온사인과 중심에 높이 서 있는 츠텐카쿠의 조화는 어딘가 차갑게 느껴지는 외롭고 오래된 도시의 단면이다. 낮보다는 밤이 더 어울리는 곳 더는 신세계가 아닌 신세카이의 풍경이다.

파리의 에펠탑은 낭만을 담았고 파리와 에펠탑을 따라 만든 츠텐카쿠에는 차가운 냉소가 서려 있다. 파리가 될 수 없었던 오사카의 남쪽 땅에는 한시적이었던 신세계가 여전히 남겨져 있다.

오사카에서 혼자 밥 먹기

펴낸날	초판1쇄 인쇄 2019년 04월 11일
	초판1쇄 발행 2019년 04월 19일
지은이	강문규
펴낸이	최병윤
펴낸곳	리얼북스
출판등록	2013년 7월 24일 제315-2013-000042호
주소	서울시 강서구 화곡로 58길 51, 301호
전화	02-334-4045
팩스	02-334-4046
종이	일문지업
인쇄	한길프린테크
제본	광우제본

©강문규

ISBN	979-11-86173-58-9 13980
ISBN	979-11-86173-55-8 14980(세트)
가격	15,000원

이 도서의 국립중앙도서관 출판예정도서목록(CIP)은 서지정보유통지원시스템 홈페이지(http://seoji.nl.go.kr)와 국가자료공동목록시스템(http://www.nl.go.kr/kolisnet)에서 이용하실 수 있습니다(CIP제어번호 : CIP2019013928).

· 잘못 만들어진 책은 구입하신 서점에서 바꾸어 드립니다.
· 독자 여러분의 소중한 원고를 기다립니다(rbbooks1@naver.com).
· 저작권법에 따라 보호를 받는 저작물이므로 무단전재와 무단복제를 금합니다.

Travel and eat alone ★ Travel and eat alone ★

★ Travel and eat alone ★ Travel